엄마도 잠 좀 자자고요?
나도 울고 싶어서
우는 건 아니라고요!

이 책이 세상에 나올 수 있게
엄마 아빠를 만나러 와준 시윤이에게 감사하며,

이 책이 당신에게 쪽잠을 선물할 수 있길 바라요.

엄마도 잠 좀 자자고요?

나도 울고 싶어서
우는 건 아니라고요!

초보엄마를 위한 태어나서 100일까지 육아매뉴얼

차효민(삶을짓다) 지음

프롤로그

출산 후 백일,
'엄마'라는 역할에 적응하느라
혼이 쏙 빠진 당신에게

안녕하세요, 저는 이 책 집필을 시작한 현재(20.07.09.) 137일 된 아기 시윤이를 키우고 있는 삶을짓다입니다. 조리원에서 퇴소한 후 집으로 돌아와 육아를 시작하고야 알게 된 것이 있어요. 내가 **'엄청나게 아프다는 출산에 대해서만'** 준비를 하고 **'막상 신생아와 함께하는 삶에 대해서는 많이 대비하지 못했구나'** 하는 것을 말이지요.

아기가 울기만 해도 걱정이 되고, 그때마다 제대로 자지도 못한 눈을 비벼가며 네이버를 검색하고 또 검색하곤 했지요. 지나고 나니 참 별것 아니었던 걱정들이 그때는 어찌나 걱정이 되던지요. '누군가가 매뉴얼을 만들어준다면 좋을텐데' 하는 생각이 들었어요.

이 책은 그때의 저에게 건네고 싶은 책이에요. 저의 초보맘 시절은 이미 지나가 버렸지만, 이 책이 그때의 저와 같은 초보맘들에게 조금이나마 마음의 안도와 꿀 같은 휴식을 줄수 있다면 좋겠다는 생각이에요. 그래서 아기가 자는 소중한 휴식시간에 이 책을 쓰기 시작했어요. 적어도 이 책을 만난 여러분들은 조금이라도 더 눈 붙이시라고요. 초보맘에게는 1분의 쪽잠도 아주 소중하니까요.

아기가 자는 시간에만 글을 쓸 수 있었던 터라, 짬짬이 글을 쓰고 퇴고까지 하니 어느덧 아기는 돌을 훌쩍 넘겼네요. 하지만 지금의 육아는 아기가 울기만 하면 쩔쩔매던 100일까지의 육아와는 달리 매우 즐겁답니다. 그러니 여러분, 우선은 100일까지만 버텨주세요. 책을 옆에 두고 필요한 부분만 찾아보아도 좋고, 처음부터 천천히 읽어보아도 좋아요. 부디 백일간 옆에 끼고 잘 활용해주세요.

혹시 이 글을 읽고 계신 당신이 예비맘이라면 처음부터 끝까지 전체를 훑어보시며 출산 후 닥칠 현실을 미리 익혀 두시는 것도 좋겠다는 생각이 들어요. 미리 알고 있다면, 출산

후 벌어지는 상황에 훨씬 수월하게 적응할 수 있을테니까요.

 필요할 때 찾아보게 되는 전자책과는 다르게 종이책은 출산 전 여유를 가지고 보실 분들도 계실 것 같아 특별 부록으로 출산 전 궁금할 만한 7가지를 부록으로 함께 실어 두었어요. 이 책이 출산을 준비하시는 예비 부모님에게도 도움이 되기를 바라요.

차례

프롤로그

출산 후 백일,
'엄마'라는 역할에 적응하느라 혼이 쏙 빠진 당신에게   004

1장.

출산 후, 이런 게 궁금하지요?

01 오로, 대체 언제 끝날까요?   013

02 쉴 새 없이 먹는 아기를 두고, 밤에 어떻게 자냐고요?   015

03 육아에 살림까지, 엄마는 언제 쉬죠?   018

2장.

출산 후, 몸매가 이럴 줄은 몰랐다고요?

04 분명 아기를 낳았는데 몸무게는 왜 그대로죠?   025

05 산모가 식단관리를 해야 한다고요?   027

06 모유 수유하면 진짜 김치도 못 먹나요?   031

07 이제 미역국은 쳐다보고 싶지도 않다고요?   034

08 가슴이 아프고 열이 나요. 무슨 일이죠? 036

09 산후관리사의 도움, 꼭 필요할까요? 039

10 힘들고 무기력해요. 혹시 산후우울증일까요? 042

11 회복에만 집중하기에도 벅찬 시기에 산후운동을 하라고요?045

3장.

아기의 식생활, 궁금한 게 많지요?

12 기본 중의 기본, 분유 조유법을 알아볼까요? 051

13 분유를 바꾸고 싶은데 어떻게 해야 해요? 054

14 모유량이 적은 것 같아요. 혼합수유 어떻게 하는 거예요?056

15 아기가 울어요, 또 먹여야 할까요? 059

16 젖병으로 잘 먹던 아기가 낑낑거려요. 어디가 아픈 걸까요?062

4장.

아기와 병원에 가야할 지 고민될 때 읽어볼까요?

17 아기 얼굴에 오돌토돌 뾰루지가 났어요. 열꽃인가요? 067

18 아기 얼굴에 홍조가 심해요. 태열인가요? 070

19 코에서 그렁그렁 소리가 나요. 어쩌죠? 072

20 눈곱이 너무 자주 끼는 것 같아요. 눈병일까요? 075

21 아기 항문 주변이 빨갛고 물집도 생겼어요. 어떻게 하죠?077

22 아기가 자꾸만 토해요. 속이 불편해서 그러는 걸까요? 080

23 예방접종이 정말 많은데 뭘 예방하는 건가요? 082

24 예방접종 후 열이 나요. 어떻게 대처해야 하죠? 085

25 아기가 턱을 덜덜 떨어요. 추워서 그런 걸까요? 089

26 갑자기 왜 아기가 허스키한 목소리를 내죠? 091

5장.

아기와 지내는 하루, 조금이라도 편하고 싶다고요?

27 우리 아기, 왜 우는 걸까요? 095

28 등 센서 없는 아기로 키우기 위한 꿀팁 궁금하세요? 098

29 아기랑 뭐 하고 놀까요? 101

30 쪽쪽이 사용해요 말아요? 104

31 속싸개 답답하지 않을까요? 언제 풀어줄까요? 106

32 아기 목욕, 어떻게 시키죠? 108

33 작고 얇은 아기 손톱, 어떻게 깎아줘야 할까요? 117

34 아기를 키울 때 알고 있으면 유용한 앱 리스트요? 119

에필로그

초보맘에게 전하고 싶은 이야기 125

부록

편한 육아를 위해 출산 전 준비할 것은요?

1 출산 준비물 무엇을 준비해야 하냐고요? 131

2 왁싱을 해야 한다고 하던데요? 151

3 출산 가방, 무엇을 챙겨야 할까요? 153

4 출산에 도움이 되는 운동이 있나요? 156

5 아기용품 세탁 및 세척법이 궁금하지요? 160

1장

출산 후,

이런 게 궁금하지요?

01

오로,
대체 언제
끝날까요?

결론부터 말씀드리면 제 경우 한달 반 정도 오로를 배출했어요. 임신했을 때 좋았던 유일한 게 생리 안 하는 것이었다는 우스개 소리를 조리원 동기들과 한 적이 있어요. 그런데 오로는 그동안 쌓여 있던 생리가 다 나오는 것 같은 느낌이었어요. 그래도 출산 후 2주 정도가 지나면 오버나이트 할 정도의 양은 아니고, 팬티라이너나 일반 중형 생리대 정도로 충분하니 2주 정도만 지나면 조금 견딜 만해져요.

오로가 완전히 끝나는 기간은 사람마다 다른데요, 저는 출산 후 30일 정도까지는 눈에 띄게 오로가 있었고, 그 이후에도 약하게 있었어요. 완전히 오로가 끝난 건 출산 후 50일 경이었어요. 주변에 물어보니 사람에 따라서는 80일 정도까지 계속되기도 하더라고요. 그러나 공통적으로는 산후 2주~한 달 정도면 그 양이 신경 쓰이지 않는 정도가 된다는 것이었어요.

덧붙여 회음부 절개를 하신 분들은 처치부위에 통풍이 잘 되도록 해주시고 자주자주 패드를 갈아주는 것이 회복 속도를 높이는 팁이니 꼭 기억하세요! 혹시 회음부 절개 후 처치한 부위가 회복하는 과정에서 콕콕 찌르는 느낌이 들면서 지속적으로 아픔이 느껴진다면 병원에 방문해서 해당부분의 실밥을 제거하면 통증이 훨씬 덜해지니 참지 말고 병원에 방문하세요.

02

쉴 새 없이 먹는
아기를 두고,
밤에 어떻게 자냐고요?

아기가 **생후 50일 정도가 될 때까지는** 밤에 제대로 자기가 어려워요. 따라서 **잠에 대한 대책을 미리 세우시는 것을** 추천하고 싶어요. 이 시기에는 엄마의 회복을 위해서도 휴식이 꼭 필요한 만큼, 주변의 도움을 받을 수 있다면 최대한 도움을 받아서 낮이고 밤이고 **틈만 나면 쪽잠으로 부족한 잠을 보충해야 해요.**

생후 4주 이전의 아기는 낮밤 가리지 않고 2시간 간격으로 수유를 하다 보니 정말 힘들어요. 시윤이는 생후 8주부터 서서히 수유텀이 만들어지기 시작했어요. 시윤이는 모유수유(혼합) 아기라 모유 먹는 양 체크가 불가능해 수유 텀을 일찍 잡지 못했는데, 분유 수유 아기들은 수유 양 체크가 가능하니 배불리 먹여 텀을 만드실 수 있어요!

저는 밤을 반으로 나눠서 남편과 반씩 아기를 봤어요. 아기 침대를 거실에 두고 새벽 4시까지는 제가, 4시부터 7시까지는 남편이 아기를 봤습니다. 남편이 아기를 보는 시간에는 분유를 먹였고요.

저는 육아는 혼자 하는 것이 아니라고 생각해요. 다행히 남편도 그 생각에 동의하고요. 출산에서 아직 회복이 다 되지 않은 산모가 온전히 육아를 감당하는 것은 무리이기에, 저처럼 배우자와 사전에 미리 이야기를 나누어 어떤 방법이든 밤잠에 대한 계획을 하시는 것을 추천해요!

다양한 사정으로 **남편이 적극적으로 함께 아기를 돌보기 어려운 경우**도 있을 거예요. 그렇다면 이 시기만이라도 **친정 식구들이나 산후관리사님의 도움을 받아서라도 잠을 자야 해요.** 생각보다 잠을 잘 자는 것이 육아의 질을 크게 좌우하더라고요. 그 이후 8주쯤 되면 나름대로 수유텀이라는 것이 생겨서 새벽에 2번 정도만 수유하면 되고, 100일에 가까워오면 밤중 수유는 한 번 정도로 줄어드니까 희망을 가지고 조금만 더 힘내세요. 버티다 보면 그 날이 오긴 옵니다. (이 말이 참 듣기 싫었는데 저도 이 말밖에 해드릴 말이 없네요.
ㅜㅜ)

  100일의 기적이라고 100일경 밤중 수유 없이 아침까지 자는 통잠이 찾아오는 아기들도 있는데, 시윤이의 경우 그런 기적은 오지 않았고, 118일에 정말 기적같이 통잠이 찾아오더라고요. 80일경부터는 아기가 밤중에 울어도 조금 달래보고 계속 울면 기저귀도 갈아보고 하며 통잠을 위한 습관을 들여주려고 노력했어요. **아무것도 통하지 않을 때만 수유를 해서 밤중 수유가 습관이 되지 않도록 노력했어요** 통잠은 일단 밤중 수유를 끊어야 가능하기 때문이에요!

  이 글을 쓰고 있는 지금(생후 145일)은 밤 9시 전 후로 수유하고 그 다음날 아침 8시에 첫수를 시작해요. 아기가 일찍 깨도 그 시간까지는 수유를 하지 않아요. 다만 우리도 가끔 너무너무 배고픈 날이 있듯, 아기도 그런 날이 있는 듯해 새벽에 깨서 30분 이상 달래도 달래지지 않을 땐 먹여서 재우기도 해요. 융통성이 필요한 부분입니다.

03

육아에 살림까지
엄마는 언제 쉬죠?

주변의 도움을 받아서 육아를 분담할 수 있는 경우가 아니라면, 익숙하지 않은 육아를 하면서 살림도 해야 하는 엄마들이 많을 텐데요. 전투 육아라고 할 정도로 힘든 육아를 하다 보면 이미 체력이 떨어진 산모는 아기를 돌보는 것만으로도 체력을 모두 소진해요. 하지만 살림을 놓을 수도 없어 꾸역꾸역하게 되고, 그러니 정작 엄마는 쉬지 못하는 경우가 참 많아요. 살림과 육아를 동시에 하며 엄마는 쉴 수 있는 방법 제가 알려드릴게요.

저도 초반에는 다른 엄마들처럼 아기가 자면 집안일을 했어요. 그랬더니 급한 집안일을 끝낸 후 아기 옆에 누워 조금이라도 자려고 하면, 아기가 잠에서 깨 버려서 오히려 머리가 더 무거운 상태로 육아를 하게 되더라고요. 이렇게 아기가 자는 동안 쉬지 않고 살림을 하면 집은 깨끗해질 지 몰라도 엄마는 너무 피곤하고 힘들어요. 육아는 체력전이잖아요. 아기가 쉴 때는 엄마도 쉬어야 육아를 할 수 있어요.

그래서 제가 찾은 저만의 팁은 **집안일은 아기가 깨어 있는 시간에 하고 아기가 잘 땐 무조건 쉬는 것이에요.** 이게 어떻게 가능하냐고요? 아기를 잘 관찰해보니 깨어 있다고 무조건 엄마가 바로 옆에 붙어있어야 하는 것은 아니더라고요. 저는 아기가 모빌이나 흑백 초점 책을 보며 혼자 놀 때마다 집안일을 조금씩 나누어서 했어요. 처음에는 쉽지 않았지만 계속 하다보니 효율적인 동선을 찾아서 최소한의 집안일을 짧은 시간에 하는 스킬이 생겼답니다.

또, 아기에게 집안일 하는 모습을 보여주며 함께 놀기도 했어요. 예를 들어 건조기에서 나온 빨래를 개야 하는 경우, 아기도 빨랫감을 만지게 해주면서 저는 옆에서 빨래를 개는 거죠. 빨래 개는 방법을 설명해주기도 하면서 말도 걸어주고요. 비록 한 번에 빨래를 다 정리하지 못하거나 집안일을 하는 시간이 길어지기도 하지만, 시윤이는 제가 옆에 앉아서 빨래를 개는 모습을 지켜보는 걸 즐거워했어요. 가끔은 다양한 질감의 빨랫감을 손으로 만져보게 하면서 촉감놀이도 했어요. 촉감놀이가 뭐 별건가요. 다양한 빨랫감을 만져보게 해주면 그게 아기의 촉감을 자극해 촉감놀이가 되는 거죠!

아기가 잘 때는 저도 확실하게 쉬었어요. 저는 아기의 첫 낮잠시간에는 무조건 같이 잤어요. 제 경우 시윤이의 낮잠시간이 시작하는 즉시 모든 걸 미뤄두고 자지 않으면, 제가 잠들 때 시윤이가 깨서 제대로 쉬지 못하는 상황을 몇 번 경험했어요. 그 후 아기의 첫 낮잠에는 무조건 함께 잠을 자는 것을 원칙으로 하고 특별한 상황이 아니라면 꼭 지켰어요.

점심시간쯤 아기가 두 번째 낮잠을 자면 만사 제쳐 놓고 점심을 먹었는데요, 정말 저를 위해서 열심히 차려 먹었어요. 탄수화물, 단백질, 비타민을 모두 섭취할 수 있도록 건강한 식단으로 먹는 것에 신경 썼고, 나를 대접하는 기분으로 점심을 차렸어요. **오랜 시간 조리하는 음식은 할 수 없지만, 그릇이라도 예쁜 데 담아서 먹는거죠.** 제 경험으로는 나를 위한 소소한 노력이 육아를 계속할 수 있는 힘이 되더라고요.

시윤이는 한 번 자면 45분 정도 잤기 때문에 밥 차리고, 밥

먹고, 설거지하면 아기가 깼고, 설거지하는 중에 아기가 깨면 최대한 빨리 끝내고 아기한테 갔어요. 엄마가 항상 모든 걸 해결해주는 초능력자라는 인식을 주고 싶지는 않았거든요. 그래서인지 지금도 조금쯤 엄마를 기다려 주기도 하는 아이로 자라고 있습니다.

2장

출산 후,
몸매가 이럴 줄은
몰랐다고요?

04

분명
아기를 낳았는데
몸무게는 왜 그대로죠?

사실 아기를 낳고 정말 충격적이었던 것은 놀라울 정도로 그대로인 몸무게였어요. 최소한 아기 무게와 양수 무게를 합쳐 5kg정도는 빠져야 할 것 같은데, 조리원 입소 후 처음으로 몸무게를 재니 아기 낳기 전과 2kg밖에 차이가 나지 않는 거예요. 아기 무게만 해도 3.36kg이었는데 말이에요.

그렇다고 해도 여러분, 놀라지 마세요. 다행히도 이는 자연스러운 현상이라고 하니까요. 출산 후 엄마의 몸이 부어 나타나는 현상이에요. 이후 붓기가 빠지는 과정에서 몸무게가 꽤 빠지더라고요. 그렇다고 출산 전으로 돌아가는 건 아니고요, 안타깝게도 붓기가 빠진 이후부터는 여러분의 노력에 따라서 예전의 몸매를 되찾을 수도, 그렇지 못할 수도 있답니다.

저는 임신 기간 중 16kg이 늘었고 출산 후 조리원에서 마사지를 통해 붓기를 빼면서 4~5kg정도를 감량했어요. 이후 식단 조절과 운동으로 산후다이어트를 했고, 이 글을 쓰고 있는 출산 후 5개월 차에는 14kg을 뺐어요. 그 노하우를 다음 장에서 공개할게요.

05
산모인데
식단관리를
해야 한다고요?

모유수유 중인 엄마가 식단관리를 하기는 참 힘들어요. 잘 먹어야 모유의 질도 좋을 것 같고, 주변에서도 이것 저것 많이 먹으라고 권하지요. 그런데 그거 아시나요? **요즘 산모들은 영양섭취 과잉인 경우가 많다고 해요.** 예전처럼 모두가 어려워서 잘 챙겨 먹지 못하던 시절에는 산모의 회복을 위해서 몸을 보할 수 있는 식품들을 챙겨야 했어요.

그러나 저와 여러분처럼 내일 먹고 싶은 걸 오늘 밤에 주문해서 새벽에 받아볼 수 있는 시대에 사는 산모들은 그렇게 할 필요가 없다는 사실! **영양과잉은 산후 다이어트를 방해할**

수 있을뿐더러, 자칫 젖몸살로 이어질 수 있기 때문이죠. (젖
몸살과 유선염… 진짜 아파요 ㅠ)

산모의 주변인들은 모유수유를 하면 살이 저절로 빠질테니
잘 먹어야 한다면서 계속 먹기를 권하기도 해요. 그런데 **모
유수유를 하면서 소모되는 칼로리는 하루에 고작 500칼로리
정도에요.** 그러니 모유수유를 한다고 지나치게 많은 음식을
섭취할 필요는 없어요.

별다방 생크림 카스텔라가 하나에 593칼로리에요. 매일
매 끼니 푸짐하게 먹고, 간식으로 빵까지 챙겨 먹는다면? 모
유수유로 살이 빠지기 보다는 오히려 살이 더 찔 가능성도
있어요. 이 사실을 꼭 기억해야 해요. 우리 예쁜 몸으로 다
시 돌아가야 하잖아요.

저 역시 초반에는 세끼 모두 든든하게 챙겨 먹고도 산후우
울증으로 케이크나 버터가 듬뿍 든 구움과자류를 디저트로
많이 먹었는데요. 탄수화물과 지방섭취가 늘어나니 살이 잘
빠지지 않았던 건 물론이고, 모유가 진득해져 유선이 막혀
유선염이 왔어요. 유선염으로 호되게 앓고 나서야 건강식으
로 식단을 바꾸게 되었어요. 이 글을 읽으시는 여러분은 부
디 저 같은 실수를 하지 마세요. 이 이야기는 뒤에서 더 자

세하게 해볼게요.

모유수유부의 경우 모유의 질을 생각한다면 탄수화물, 단백질, 지방, 비타민이 조화로운 식단을 섭취하는 게 좋아요. 당연히 각종 영양소가 조화로운 식단이 중요하다는 건 알지만, 아기 돌보며 매끼 건강하게 먹는 게 어디 쉽냐고요? 탄수화물은 가장 섭취하기 쉽고, 지방은 따로 섭취할 필요는 없으니 **탄수화물을 조금 줄이고 과일이나 야채와 단백질만 매 끼니 챙겨보세요.** 생각만큼 어렵지 않다는 걸 알게 될 거예요!

14kg을 감량한 제 식단을 예시로 보여 드릴게요. 아침은 간단하게 빵 한 조각(탄수화물), 달걀후라이(단백질), 과일(비타민)로 해결했어요. 남편이 출근하고 나면 점심은 혼자 먹어야 하니 가볍게 먹었고요. 탄수화물로 고구마나 단호박, 떡 조금을 선택하고, 야채섭취를 위해 샐러드 혹은 야채 볶음을 곁들였어요. 거기에 단백질을 보충하기 위해 소세지나 삶은 계란을 더하는 식이었죠.

저는 육아에 지친 오후에 먹는 달콤한 간식은 포기할 수 없었어요. 그래서 점심을 건강하게 먹는다면 보상으로 디카페인 커피 한 잔에 달달한 디저트 간식을 허락했어요. 저녁은 퇴근한 남편과 함께 느긋하게 먹을 수 있는 유일한 시간이기 때문에 메뉴에 구애받지 않고 먹고 싶은 것을 먹었어요. 다만 그때도 탄수화물, 단백질, 비타민과 식이섬유가 들어간 야채를 섭취할 수 있도록 노력했고요.

샐러드나 야채 볶음은 주말에 재료를 준비해두면 드레싱만 조금 더하거나 살짝 볶기만 하면 되기 때문에 아기 보면서 편하게 차려 먹을 수 있고, 체중감량에도 효과적이어서 추천하는 메뉴예요. 곁들일 달걀도 며칠에 한 번씩 삶아 두어도 되고, 요즘은 훈제 닭가슴살 같은 것도 잘 나오니까 그런 제품을 활용하셔도 좋아요. 고구마는 한 번에 잔뜩 에어프라이어에 돌려서 냉동보관 했다가 전자레인지에 데워 드시면 건강식단 챙겨 먹는 것 어렵지 않아요!

06

모유 수유하면
진짜 김치도
못 먹나요?

모유는 엄마의 혈액으로 만들어져요. **즉, 음식 자체가 아기에게 직접적으로 영향을 끼친다고 보기는 어렵다는 이야기죠!** 하지만 전문가들은 지나치게 매운 음식(청양고추가 엄청 포함된 음식)은 권하지 않는 것이 일반적이에요. 가끔 김치도 안된다고 하는 분도 계시는데 그 정도는 괜찮으니 걱정말고 드세요. 지방이 많은 음식은 엄마의 젖을 진득하게 만들어 유선염의 원인이 될 수 있으니 조금씩만 드시는 것을 추천해요!

저는 지방이 모유를 진득하게 만들어 유선염의 원인이 되는

줄도 모르고, 지방이 많은 음식을 먹었다가 유선염으로 엄청 고생했어요. 유선염은 가슴에서 모유가 다 빠져나가질 못하고 고여서 염증이 생기는 거예요, 염증이 생기다 보니 고열이 오르고, 가슴도 안에 생긴 염증 때문에 정말 너-무 아파요. 그러니 식사를 하실 때는 기름기 많은 음식은 적당량만 드시고 담백하게 드시는 걸 추천합니다. 페스츄리처럼 버터가 많이 든 빵, 간단하게 먹기 좋은 피자 같은 음식들은 모두 기름기가 많은 음식이에요.

 그렇다고 모든 간식을 다 끊어야 하는 건 아녜요. 힘든 육아를 하는 와중에 먹는 즐거움마저 없다면 그 스트레스가 육아 우울증으로 이어질 수 있으니까요. 전문가들도 적절한 양의 간식 정도는 괜찮다고 해요. 오늘 생크림 케이크를 한 조각 먹었다면 그 외의 식단은 담백하게 조절해서 먹는 거죠. 저는 유선염을 계기로 단유를 했지만, 모유 수유하는 엄마들에게 들으니 시간이 지나면서 아기가 모유를 빠는 힘도 함께 세진대요. 그땐 기름기 있는 것들도 보다 더 자유롭게 섭취 가능하다고 해요!

 커피 같은 경우에도 지나치게 많이 섭취하는 경우가 아니라면 임신했을 때와 같이 하루 한 잔 정도는 괜찮다고 해요. 그래서 저는 매일 연한 아메리카노 한 잔 정도는 마셨는데,

아기가 잠을 못 자거나 한 적은 없어요. 그러나 아기에 따라 카페인에 예민한 아기도 있다고 하니 커피를 마신 날은 아기를 잘 관찰해 보고, 아기가 카페인에 예민하게 반응하는 것처럼 느껴지면 디카페인 커피를 마시는 것도 방법이에요.

07

이제 미역국은
쳐다보고 싶지도
않다고요?

산후 매일매일 거의 매 끼니 먹는 미역국, 이제 그만 먹고 싶다고요? 저는 원래부터 미역국을 좋아해서 출산 후 한 달이 다 되도록 하루에 두 끼 이상은 미역국을 먹는 것을 즐겼지만, **전문가들의 의견에 따르면 하루 한 끼 정도만 미역국을 먹어도 괜찮다고 해요.**

산후에 미역국을 먹는 이유는 미역에 포함된 요오드 성분이 산후 자궁수축을 돕고 피를 맑게 하는데 도움을 주기 때문이에요. 또한 칼슘과 무기질도 풍부해서 신진대사를 높여주기 때문에 산모에게 도움이 된다고 해요.

하지만 과유불급! 미역국을 너무 많이 먹는 것도 좋지 않다고 해요. 해외에서는 한국의 산후에 미역국을 과다하게 섭취하는 한국 산모들이 요오드에 과다하게 노출되어 건강에 해롭다는 문제 제기가 진행되기도 했더라고요.

너무 걱정은 마세요! 산후 단기적으로 미역국을 섭취하는 경우, 미역국을 통한 요오드 섭취가 산모의 갑상선기능저하에 유의미한 영향을 미치지 않는다는 연구결과를 확인했으니까요. 혹시 갑상선 관련 질환이 있는 산모의 경우 미역국 섭취 전 반드시 전문의에게 문의해야 해요!

저는 한 달 정도까지는 하루 한 끼라도 미역국을 챙겨 먹었고, 그 이후에는 따로 챙겨 먹지는 않았답니다.

08

가슴이 아프고
열이 나요.
무슨 일이죠?

　모유수유 중 가슴이 땡땡 붓고 아프며, 열이 난다면 유선염일 확률이 아주 커요. **일단 유선염 증상이 나타난다면 바로 산부인과(여성의원)에 가서서 염증약을 처방받아 복용해야 해요.** 유선염은 모유가 다 빠져나가지 못하고 가슴 안에 고여 균이 번식해서 생기는데요. 아기가 모유수유를 거부했거나, 모유가 너무 진득해져 아기가 모유를 제대로 빼내주지(?) 않아서 생기는 경우가 많아요.

　유선염은 염증이 생긴 것이기 때문에 염증을 발생시키는 균을 죽이는 약을 처방받아 복용해야 해요. 그 이후에는 계속

해서 모유수유를 해서 모유 배출을 원활하게 해주어야 염증이 빨리 사라져요. 유선염 약은 복용 후에도 모유수유가 가능한 안전한 약으로 처방 가능하니 발생 즉시 병원에 가서 꼭 약을 처방받으세요!

저는 시윤이 생후 40일쯤 유선염을 호되게 앓았는데요. 조리원 퇴소 후 예방접종을 위해 소아과에 갔다가 황달 수치가 높다는 판정을 받고 일주일간 모유를 끊고 분유수유를 했어요. 그 이후에도 모유수유를 이어가려면 제때 유축을 해주며 분유수유도 아기의 수유텀대로 해주어야 했는데요.

두 가지를 모두 해내려다 보니 정신이 없어 유축해야 할 타이밍을 계속 놓쳐 모유를 제때 빼내주지 못했어요. 그렇게 1주일정도가 지나고 나니 가슴이 조금 아릿아릿 하더라고요. 지금 생각해보면 이 때 빠르게 눈치채고 유선염으로 발전하지 않도록 고인 모유도 잘 유축하고 병원도 다녀왔어야 했어요.

일주일 후 황달 수치가 내려가 아기에게 모유수유를 다시 시작했어요. 그러나 일주일동안 편하게 젖병에서 나오는 분유와 유축 모유를 먹은 아기는 모유수유를 거부하더라고요. 그렇게 이틀이 지나니 38.5도 정도의 고열이 오르고, 가슴이 바늘 뭉치로 찌르는 듯 아파졌어요. 유선염 증상임을 확신하고 병원에 다녀와 약을 먹은 후 출장 가슴마사지를 급하게 예약해 고인 모유를 밖으로 배출해주었어요.

유선염을 낫게 하는 방법은 결국 꾸준한 모유수유 밖에 없어요. 제 경우에는 시윤이가 모유수유를 계속해서 거부했어요. 모유수유가 불가하다 보니 유선염이 낫는 속도가 더뎠는데 아픈 몸으로 아기까지 케어하는 것이 체력적으로도 정신적으로도 너무 힘에 부쳤어요. 그래서 결국은 단유를 하고 완전분유로 전환했어요.

모유수유를 계속해서 하고 싶은 분들이라면 평소에 식습관 조절 등으로 일단 유선염이 오지 않도록 관리하는 것이 중요해요. 작은 전조증상이라도 보이면 꼭 심해지기 전에 병원에 방문하시고요. 분유수유를 최소화하시고 모유수유를 해서 모유가 고이지 않고 배출되도록 해야 유선염을 예방할 수 있어요!

09

산후관리사의 도움,

꼭

필요할까요?

저는 코로나19의 본격적인 확산이 시작될 때 시윤이를 낳았어요. 그래서 원래는 2주간 함께 할 산후관리사님을 예약했지만, 코로나19 확산 상황이 심각해지면서 가족들의 걱정으로 예약을 취소하고 친정엄마가 산후조리를 도와주시게 되었어요.

집으로 돌아가면 전문가의 도움을 받을 수 없기에 조리원에서부터 각종 육아 정보를 찾아보는 등의 준비를 했고, 조리원에서 어느정도 몸조리를 해서 나왔기 때문에 관리사님 없이도 나름대로 잘 지낼 수 있었어요. 남편도 조리원 출입이 불가능해지는 바람에 출산휴가를 조리원 퇴소시기에 맞춰 쓸 수 있었고요. **하지만 산후조리를 도와줄 사람이 없거나, 산후조리원에 갈 수 없는 상황이라면 전문가의 도움을 받는 것을 추천해요.**

특히 초산인 경우, 산모는 자기 몸 하나만 돌보기도 힘들어요. 조리를 도와줄 수 있는 사람이 없는 경우, 산모 혼자서 자신의 몸을 살피며 아기 케어, 집안살림까지 하는 것은 무리라고 생각해요. 남편이 아무리 돕는다고 해도 남편도 산모도 아기 케어만으로 정신없고 예민한 시기가 신생아시기이기 때문에 조금이라도 도움을 받으시는 걸 추천해요.

저는 산후관리사의 도움을 받지 못해서 전문가의 도움을 받은 지인들에게 이야기를 들어보았어요. 제 주변의 산후 관리사의 도움을 받은 지인들은 만족해했어요. 그들도 처음에는 집에 낯선 사람을 들인다는 것이 꺼려졌다고 해요. 하지만 집에서 아이케어를 어떻게 해야 하는지 실전에서 체크할 수 있어서 도움이 많이 되었다고 하더라고요. 마지막에는 계약 기간을 연장하기도 하더라고요..

정부에서 소득에 따라서 산후관리사 비용을 일부 지원해주기도 하고, 지자체에 따라서는 소득에 관계없이 지원해주는

경우도 있으니 전문가의 도움을 받을 예정이라면 자신에게
해당하는 부분이 있는지도 확인해보세요!

10

힘들고 무기력해요.
혹시
산후우울증일까요?

아기를 낳고 난 이후 6주까지 산모가 느끼는 우울감은 당연한 것이라고 해요. 아기를 낳는다고 몸이 임신 이전 상태로 돌아가는 것도 아니고, 그런 상태로 제대로 잠도 못 자며 아기를 돌보기까지 해야 하니 우울감을 느끼는 것은 당연한 현상인지도 몰라요. 산모는 주변 사람들의 도움을 받아야만 하는 상태이기 때문에 우울감을 느끼게 하는 호르몬을 분비한다는 이야기도 있더군요.

저는 '산후우울증'이라는 것이 있다는 것은 알고 있었지만 그게 제 이야기가 될 줄은 몰랐어요. 저는 산후우울감을 느끼는 기간이 꽤나 길게 지속되었는데요. 그 기간에 나름대로 저 스스로를 보살피려고 애를 많이 썼어요. 어떻게 하면 부정적인 감정에서 벗어나서 리프레쉬를 할 수 있을까 계속 생각해보고 도움이 될 것 같은 것은 적극적으로 행동에 옮겼어요.

제게 효과가 있었던 리프레쉬 방법을 몇 가지 공유해보자면, 저는 아기가 자는 시간에 카페에 가서 커피를 한 잔 마시고 오거나, 집 주변을 잠시 산책하거나, 장을 보러 다녀오거나 하는 방법으로 아기와 저를 잠시라도 분리하는 방법이 효과가 제일 좋았어요.

신생아 시기를 벗어나 50일 정도가 지났을 때는 주말에 두 시간 정도는 근처 카페에 가서 책을 읽다 오기도 했고, 날이 좋을 때는 아기를 유모차에 태워 함께 밖에 나가 산책을 하기도 했어요. 확실히 바깥에 나가서 햇볕을 쬐는 것만으로도 기분전환이 되더라고요. 그러니 우울감이 느껴진다면 잠깐이라도 밖으로 나가보세요.

우울한 감정이 들고, 그 감정을 전환하기 위한 시간이 필요하다는 것에 대해 남편과 이야기를 나누기도 하고 도움도 요청했어요. 특히 저는 유선염으로 몸이 너무 아픈데 아기도 돌봐야 했을 때 우울감이 최고조에 이르렀는데요. 이 때는 친정엄마께 S.O.S를 요청하기도 했어요. **우울감이 느껴진다면 적극적으로 주변에 알리고 도움을 청해 우울감을 빠르게 해소하는 것은 나와 우리 가족을 위해서 꼭 필요한 일이에요.** 그러니 도움을 요청하는 것을 주저하지 마세요!

산모에게 가장 중요한 건 자신이 우울하다는 것을 자각하고 빠르게 해소하는 것이라고 생각해요. 저도 처음엔 제가 느끼는 감정이 산후우울감(증) 증상인 줄 몰랐거든요. 포털사이트에 '산후우울증 자가진단'이라고 검색하면 자가진단을 해 볼 수 있어요. 때때로 무기력해지거나, 산후 멍-하게 있는 증상이 반복되고, 아기가 울어도 멍하니 있다가 화들짝 놀라 아기에게 가는 경우 괜찮은 것 같아도 생각보다 심각한 상황일 수 있으니 꼭 체크해 보세요.

11

회복에만 집중하기에도
벅찬 시기에
산후운동을 하라고요?

산후 운동을 해야 한다는 이야기, 어디서도 들어보지 못했다고요? 하지만 가만히 쉬기만 하면 몸이 더욱 더 힘들어진다는 사실을 아시나요? **산후에도 빠른 회복을 위해 적절한 운동을 하는 것이 좋아요.** 물론 적어도 100일 동안은 몸에 무리가 가는 운동을 해서는 안되고, 100일 이후에는 조금씩 걷는 운동을 시작하면 돼요.

출산 후 100일까지 산욕기 기간에는 회복에 중점을 둔 가벼운 운동을 하는 것이 좋아요. 스트레칭으로 틀어진 몸을 바로잡고, 수유하며 뭉친 근육을 풀어주는 정도로 가볍게 하시면 돼요. 무리가 가지 않는 선에서 코어운동을 하는 것도 빠른 회복에 도움이 돼요.

저는 따로 시간을 내서 운동하기는 어려워서 아기가 자는 20분간 할 수 있는 운동을 유튜브에서 찾아 따라했는데, 회복과 체력회복에 확실히 도움이 되더라고요. 제가 도움을 받았던 채널을 소개할게요.

〈출처: 샤인킴 산후회복 시리즈 유튜브 채널〉

제가 도움을 받은 곳은 산전 산후 운동 전문가 샤인킴 선생님의 유튜브 채널에 업로드 된 산후회복 시리즈인데요. 출산 직후부터 산후 100일전까지 안전하게 할 수 있는 운동으로 10편이 구성되어 있어 주 3회정도 일주일에 1편씩 따라

했어요. 산후운동 영상을 통해 코어운동을 하면서 자세교정과 임신으로 늘어났던 뱃가죽(?)을 회복하는데 도움도 많이 받았답니다. 확실히 운동 전보다 운동 후 체력도 많이 좋아졌고, 땀을 흘리니 기분도 상쾌해져서 계속 하게 되더라고요.

특히 신생아 시기에는 1시간 반에 한 번씩 신생아를 안고 수유를 하다 보니 등, 어깨, 팔이 뭉쳐 정말 힘이 드는데요. 샤인킴 선생님의 영상 중 모유수유 후 할 수 있는 5분 스트레칭 영상으로 근육을 풀며 도움을 많이 받았어요.

요즘은 유튜브로 이렇게 좋은 운동법을 공유해주시는 분들이 정말 많더라고요. 유튜브에서 산후운동 검색해 여러 가지 운동영상을 따라해보시고, 자신에게 잘 맞는 운동법을 찾아서 하루 10~15분이라도 여러분에게 투자하는 시간을 만들어 보면 어떨까요?

이 글을 쓰면서 샤인 킴 선생님께 제 글의 내용 중 수정하시거나 첨언 하실 내용은 없는지 확인을 하기 위해 메일을 보냈었는데요, 선생님의 답장 중 마음에 와닿은 구절이 있어 여러분께도 나눠볼게요.

▶ 산전산후 운동 전문가 샤인킴 선생님의 한 마디

둘째 키우며 느끼는 점은 이래요. 아기 자는 틈에 짬을 내어 운동을 하는 시간이 육체뿐만 아니라 정신적으로도 힐링이 된다는 거요. 실제로 몸을 먼저 돌보면 마음도 돌봐진다고 하네요. 마인드풀니스가 아니라 '바디풀니스'가 특히 아기 엄마들에게 더 현실적인 것 같아요. 얼마 전에 읽은 책 문요한의 〈이제 몸을 챙깁니다〉를 읽고 참 공감했답니다.

3장

아기의 식생활,
궁금한 게 많지요?

12

기본 중의 기본,
분유 조유법을
알아볼까요?

분유를 타는 방법은 몇 번 해보면 금방 익숙해지지만 처음에는 정말 헷갈리는 것 중 하나예요. 조유의 원칙은 분유 캔에 나와있는 설명을 그대로 하시는 거예요. **분유는 100도까지 끓였다가 식힌 물로 조유해야 하는 건 어느 분유를 먹이든 동일하게 적용되는 원칙이에요.** 물 온도 맞추는 방법은 분유마다 조금씩 다르니 설명을 확인해보고 조유해야 해요.

저는 시윤이에게 조리원에서 먹이던 남양 임페리얼 XO 분유가 탈 없이 잘 맞아서 쭉 먹였는데요, 이 분유를 포함한 대부분의 국내분유는 70도(수입분유는 40도)에서 조유하게 되어있어요. 설명서에는 70도 물로 분유를 타서 흐르는 물에 식히라고 써 있고요. 하지만 매번 70도로 조유한 분유를 40도까지 식혀 아기에게 대령하기에는 아기가 기다려주는 시간이 길지 않아서 저는 제 방식대로 분유를 조유해 먹였어요.

▶ 삶을짓다의 분유 조유 방법

[미리 준비해 두기]
1. 물을 끓여요.
2. 여분의 빈 젖병에 끓인 물을 담아 식힘물을 만들어 둬요.

[수유 직전에 분유 조유하기]
1. 분유를 젖병에 담아요.
   (꼭 스푼을 이용해 정량 계량 하세요.)
2. 70°C 까지 끓인 물(미리 100°C 까지 끓였다 식힌 물 사용)을 총량의 1/3 가량 넣고 양손으로 병을 비벼서 분유를 잘 풀어줘요.
3. 준비과정 1 에서 만들어 둔 식힘물로 물 양을 맞춰 비벼 섞으며 온도를 맞춰요.
   (팔꿈치에 대서 따뜻한 정도로 하는 것이 적절해요)

앞에서 설명한 방법으로 조유를 할 때 분유를 물보다 먼저 넣는 이유는 분유 숟가락에 분유가루가 숟가락에 붙어 남는 것을 방지할 수 있기 때문이에요. 뜨거운 물을 먼저 넣으면 수증기 때문에 분유가 분유 스푼에 달라붙어 엉기게 되는데 그 상태로 보관하는 건 왠지 찜찜하더라구요. 그렇다고 매번 씻어서 보관하기에는 분유를 타는 것만해도 정신없어서 수증기가 닿지 않게 분유 파우더를 먼저 넣어 문제를 해결했어요!

▶ 조유 시 주의할 점

분유를 조유할 때는 위아래로 흔들지 않고, 양손 사이에 젖병을 끼우고 비벼서 가루를 풀어주어야 해요. 위아래로 흔들며 분유를 녹이면 공기 방울이 많이 생기는데 이것이 아기의 배앓이를 유발할 수 있기 때문이에요.

분유 캔에 나와 있는 조유 방법을 무시하고 70도 물로 조유해야 하는 분유를 40℃ 물로만 조유한다는 분들도 있는데요. 분유를 70℃ 물로 조유하는 이유는 혹시 생겼을 지 모르는 균을 죽이기 위해서라고 하니, 아기를 위해서는 되도록 70℃ 물로 조유하는 습관을 들이는 것이 좋겠지요?

13

분유를
바꾸고 싶은데
어떻게 해야 해요?

조리원에서 나와 엄마가 원하는 분유를 먹이기 위해, 또는 아기에게 분유가 맞지 않아 분유를 바꿔보고 싶을 때 분유를 바꾸는 방법을 알아볼까요? 아기는 아주 예민하기 때문에 적응기간 없이 다른 분유로 바꿔버리면 배앓이를 할 수 있어요. 그래서 분유를 바꾸기를 원한다면 3~4일에 걸쳐 서서히 적응하며 바꿔야 해요.

▶ 배앓이 없이 분유 바꾸는 법

1. 첫째 날: 기존에 먹이던 분유와 새로 먹일 분유를 3:1로 조유해 하루 동안 먹여요.

2. 둘째 날: 기존에 먹이던 분유와 새로 먹일 분유를 1:1(2:2)로 조유해 하루 동안 먹여요.

3. 셋째 날: 기존에 먹이던 분유와 새로 먹일 분유를 1:3으로 조유해 하루 동안 먹여요.

4. 마지막 날: 새로운 분유를 쭉 먹여요.

어렵지 않죠? 아기 분유를 교체할 때는 이렇게 적응기를 가져야 하기 때문에, 마지막 캔을 다 먹이기 전에 교체하려는 분유와 비율을 조절해가며 교체해야 해요. 꼭 다른 브랜드의 분유뿐 아니라 분유의 단계를 높일 때도 같은 방법으로 적응기를 가지면 더 안전하게 분유를 교체할 수 있겠죠?

아기와 함께 외출할 때는 휴대하기 요긴한 액상분유를 먹일 수도 있는데요. 현재 먹이고 있는 분유의 액상분유가 없어 적응기를 갖지 못해 못 먹여서 불편하다고 말씀하시는 분들이 종종 계시더라고요. 시중에 나와있는 액상분유 중에는 이런 적응 단계를 거치지 않고 바로 수유해도 되는 제품들도 있어요. 저도 시윤이와 외출할 때에는 평소에 먹이는 것과 다른 액상분유를 휴대해서 먹이곤 했답니다.

14

모유량이
적은 것 같아요,
혼합수유 어떻게 하는 거예요?

모유량이 적은 경우 보통은 혼합수유를 하게 되는데요. 혼합수유란 모유와 분유를 같이 수유하는 것을 말해요. **모유량이 적어 혼합수유를 해야 하는 상황이라면 모유수유를 먼저 한 후 부족한 양을 분유로 수유해 보충해주는 것이 좋아요**

아기가 모유를 먹을 때 필요한 빠는 힘은 젖병의 몇십 배라고 해요. 그러니 젖병으로 콸콸 나오는 분유를 편하게 먹다가 몇 배의 힘을 들여 모유를 먹으라고 하면 아기의 입장에서도 화가 나겠죠? 유축해 둔 모유를 젖병에 담아 보충 수유하는 경우에도 모유수유를 먼저 하고 유축 모유로 보충하는 것이 좋아요!

하지만 언제나 예외가 있기 마련인데요. 아기가 먹는 텀이 길어져 너무 배고플 때는 모유도 거부할 수 있어요. 이럴 때는 젖병을 이용해 배를 살짝 채워준 후 모유를 먹이면 잘 먹는 경우도 있으니 참고하세요.

모유수유를 먼저 하면서 아기에게 충분히 수유를 하고 나서도 아기가 배고파하는 것 같다면 분유로 보충 수유를 하는데요. 너무 많은 양을 주면 아기가 분유 수유를 계속 고집할 수 있기 때문에 적정량을 찾는 게 중요해요. 분유 수유가 너무 많으면 수유텀이 길어지고, 수유텀이 길어지면 모유가 잘 생성되지 않아 결국 모유수유를 포기하게 될 가능성이 높으니까요.

이상적인 보충 수유는 아기가 다음 수유까지 2~3시간의 텀을 유지할 수 있는 양을 체크해서 먹이는 거예요. 처음에는 어느 정도가 적절한 보충 수유량인지 알 수 없으니 40ml 정도를 보충해 준 후 아기가 언제 다시 배고파 하는지를 관찰해보세요. 아기가 2~3텀으로 수유를 원하면 적절한 양이에요.

40ml로 2.5시간(목표한 수유텀, 2~3시간 안에서 조절가능

해요)텀이 유지된다면 40ml 보충 수유를 유지하고, 2.5시간이 안되어 배고파 한다면 다음 수유시에는 20ml정도를 늘려 수유해보는 식으로 점진적으로 보충 수유량을 맞춰가면 돼요. 2.5시간 수유텀이 목표인데 3시간이 되었다면 20ml정도 줄여보면 되겠죠? 신생아의 경우 지나치게 수유텀이 벌어지는 것은 좋지 않으니 3시간 텀은 넘기지 않도록 보충하세요

혼합수유를 하는 경우 아기가 모유 혹은 젖병수유 중 자신에게 편한 것을 선택하려고 하는 아기들이 있어요. 이런 경우 모유(엄마 가슴)거부나 젖병거부 현상이 올 수도 있으니 너무 한 쪽으로 치우치지 않도록 주의해야 해요. 저는 모유 거부로 인해 분유 수유로 정착하게 되었답니다.

15

아기가 울어요,
또
먹여야 할까요?

제가 아직 초보 엄마였던 시절, 가장 많이 했던 실수는 시윤이가 울면 젖부터 물려보는 거였어요. 아기가 울면 당황스러워서 우선 생각 나는 걸 먼저 해보게 되는데, 저는 그게 수유였어요. 그렇게 하면 아기가 금방 진정하는 것 같았거든요.

그런데 사실 이 방법은 좋은 방법이 아니에요. 아기가 한 번 먹을 때 전유와 후유를 모두 먹어야 충분한 영양분이 아기에게 가기도 하고, 배가 충분히 불러야 엄마에게도 쉴 시간이 생기거든요. 그런데 아기가 울 때마다 젖을 물리다 보니 아기는 전유만 먹어 충분히 배가 차지 않고, 그러다보니 수유텀도 잡히지 않아 저도 쉬지 못하는 상황이 계속되었던 거죠.

제게도 나름 그럴 수밖에 없었던 이유는 있었어요. 시윤이가 모유를 조금 먹다 보면 잠이 들어버리는 바람에 더 먹이고 싶어도 더 먹일 수 없었거든요. 그래도 울 때마다 먹이지 마시고 어떻게든 수유텀을 조금씩 늘려 보세요. 신생아도 2시간 텀은 가능해요.(공갈젖꼭지를 사용하거나 주의를 다른 곳으로 돌리는 등의 방법을 사용해 텀을 늘려줘야 해서 초반에는 양육자가 조금 고생스럽기는 하지만요) 생후 4주 정도 지나면 낮에는 2.5시간 텀, 밤에는 3시간 텀도 가능하니까 텀을 줘서 한껏 배고프게 한 후 수유하며 텀을 늘려주세요.

모유를 먹는 아기의 경우 특히나 먹다가 잠이 드는 경우가 많은데요. 모유에 잠이 오게 하는 성분이 포함되어 있기 때문이라고 해요. 모유수유를 하는 아기는 수유를 시작한지 얼마 되지 않아 잠이 들어버려 수유텀을 늘리기가 어려워 엄마가 많이 지치기도 하는데요. 엄마와 아기 모두를 위해서는 효과적이고 효율적인 모유수유 전략이 필요해요.

아기가 잠이 오기 전에 계속해서 말을 걸고 귀를 만지거나 발바닥을 때리며(일반적으로 박수치는 정도로 때려(?)주세요. 그래도 아기가 엄청 아프거나 하지 않다고 해요! 너무 살살 하면 오히려 잠이 솔솔~와서 제대로 먹지도 못하고 자버린답니다!) 자려는 아기를 깨워서 아기가 먹지 않겠다는 의사표시를 할 때까지 계속해서 먹여주세요.

먹지 않겠다는 의사표시는 젖꼭지를 더 이상 물지 않거나, 혀로 젖꼭지를 밀어내는 것으로 알 수 있어요. 정말 배부르면 아기들은 스스로 먹지 않는다는 표시를 한답니다. 다만 평소보다 너무 많은 양을 먹는 것 같다고 하면 양을 조절해 줄 필요도 있어요. 특히 아기들이 잠에 취해 있는 경우 빨기 반사 때문에 배가 불러도 계속 먹기도 하거든요. 그런 경우에는 게워낼 수 있기 때문에 너무 많은 양을 먹는다면 적당히 수유를 마무리해주세요.

▶ 수유텀은 이렇게 측정해요!

수유텀은 아기가 수유를 시작한 시점부터 다음 수유를 시작하는 시점까지의 시간을 말하는 것이랍니다. 즉 수유텀이 2시간이라면 아기가 먹기 시작한 시간부터 다음 먹기 시작하는 시간까지의 간격이 2시간이라는 의미에요!

16

젖병으로 잘 먹던
아기가 낑낑거려요,
어디가 아픈 걸까요?

젖병으로 수유를 하는 아기가 어느 날부터인가 수유를 힘들어하는 경우 젖꼭지 사이즈를 확인해보세요. 아기가 젖꼭지를 잡아당기며 먹거나, 먹으면서 낑낑거리고 땀을 흘리는 모습을 보이면 빠는 힘에 비해 젖꼭지 구멍(수유구)이 작아 편하게 먹기 힘들기 때문일 확률이 높아요.

일반적인 젖꼭지 사이즈 교체주기는 사용하시는 젖병에 맞는 젖꼭지 안내에 따르면 돼요. 하지만 꼭 그 시기가 아니더라도 아기가 젖꼭지에서 나오는 양이 적어 답답해하면 바꿔주는 것이 좋아요. 제가 사용하던 젖병은 더블하트라는 브랜드에서 나온 제품이었는데요. 신생아는 SS사이즈, 1개월 이후 S, 3개월 이후 M, 6개월 이후 L사이즈를 권장하고 있어요.

하지만 시윤이는 조리원에서 수유구가 조금 큰 젖꼭지를 이미 사용하다 나온터라 집에 와서 1주일이 지난 후 S 사이즈로 바꿔 주었고요. 2개월 중반쯤 되었을 때는, 수유 중 수유구를 자꾸만 뒤로 잡아 물면서 낑낑거리고 울어서 M사이즈로 바꿔주었고, 이유식을 조금 일찍 시작해서인지 4개월 반쯤 되어서 또 분유를 먹을 때마다 고개를 뒤로 젖히며 낑낑거리고 우는 행동을 반복해서 L사이즈로 바꿔주었어요.

사이즈를 바꿔준 후 첫 수유 시에는 아기가 사레들리거나 올리기도 하는데요. 평소보다 한 번에 많은 양을 먹게 되기 때문에 그럴 수 있어요. 시기가 되어 바꾼 경우, 보통 2~3회 수유 후에는 아기가 적응해 편안하게 먹더라고요. 그러나 아기가 지속적으로 너무 심하게 사레가 들리거나, 올리는 모습을 보인다면 기존 것으로 다시 사용하면서 아기의 상태를 지켜본 후 다시 교체하는 것이 좋아요. 또 젖꼭지는 3개월이 교체주기이니 6개월 이후 L사이즈를 계속 사용한다고 하더라도 3개월이 지나면 새 젖꼭지로 바꿔주는 것이 좋고요.

▶ 아기 젖병, 몇 개나 구입하면 좋을까요?

이 질문에는 딱히 정답이 없어요. 군이 답을 찾아보자면 '엄마가 편한만큼!' 인데요. 모유수유를 준비하는 경우 조리원에서 주는 젖병도 있으니 조리원에서 퇴소할 즈음 되어서 보충이 잦으면 2~3개 정도 더 구입해서 섞어 쓰시면 돼요.

저는 완전분유를 할 때도 3개 가지고 사용한 후, 열탕 소독해서 다시 쓰고 했는데요. 그러면 100일 전 아기는 자주 먹기 때문에 하루에 2회정도 열탕 소독 혹은 젖병 세척 후 소독기를 이용해 소독을 해야 해요. 그러니 하루에 한 번만 소독하며 사용하고 싶다면 6병 정도면 넉넉하게 사용할 수 있어요.

다만 아기마다 잘 먹는 젖병과 거부하는 젖병이 있을 수 있기때문에 일단 최소수량으로 구입해서 아기가 잘 적응하는지 확인 후 추가구매를 하는 것을 추천해요!

4장

아기와 병원에
가야 할지 고민될 때
읽어볼까요?

17

아기 얼굴에
오돌토돌 뾰루지가 났어요.
열꽃인가요?

신생아 시기에 엄마를 걱정에 빠뜨리는 것 중 하나가 신생아 열꽃(뾰루지)이에요. 특히 겨울아기의 경우, 산후조리를 위해서 집을 뜨끈뜨끈하게 하다 보면 아기에게 열꽃이 생기기도 해요.

열꽃이 생겼을 때 대처방안은 **집안 온도를 낮추고 열꽃이 생긴 부위를 자주 물로 닦아준 후 충분한 보습을 해주는 거예요.** 그 전에 발랐던 크림을 물로 씻어내고 수딩젤로 즉각적인 쿨링을 해준 후, 수분이 날아가지 않도록 그 위에 크림을 도포하는 방법으로 충분하게 보습을 해줘야 해요.

위의 방법으로도 아기가 좋아지지 않는다면 피부염을 의심해보아야 해요. 시운이가 이런 케이스였는데요. 처음에는 보습을 잘 해주고, 집안 온도를 내리니 어느정도 열꽃이 잡히는 것 같았는데, 자꾸만 다시 심해지더니 안에 고름이 살짝 있는 물집 스타일의 뾰루지가 올라오더라고요.

예방접종을 위해 병원에 간 김에 확인해 본 결과 시운이는 열꽃도 약하게 있지만, 지루성피부염이 뾰루지의 주원인이라는 진단을 받았어요. 그날부터 바로 병원에서 처방받은 연고를 사용해서 물집을 빠르게 진정시켰어요. 스테로이드제가 1% 함유된 로션타입의 의약품이었는데 저는 약을 사용해서라도 빠르게 회복하고 유지를 잘하자는 주의라서 약을 사용하는데 거부감은 없었어요. 약을 오래 사용하지 않기 위해서 집중적으로 3일 정도 연고를 사용해서 케어하고, 그 이후에는 보습을 철저히 했어요.

그렇게 일주일 정도 후 대부분의 뾰루지는 다 잡혔고, 그 이후에도 때때로 뾰루지가 올라오면 같은 방법으로 대처했어요. 병원을 옮기게 되면서 이후에도 피부염이 생길 때마다 약을 사용하는 것에 대해서 의사 선생님께 여쭤봤는데요. 가벼운 피부염의 경우에는 연고를 바르지 않아도 되지만, 피부

표면이 거칠해질 정도의 피부염이 발생하는 경우에는 진물이 날 정도로 번질 수 있으니 그런 부분에만 연고를 바르는 걸 권하시더라고요. 피부염은 몇 번 다시 올라오긴 했지만, 초기 대처를 잘하면 심하게 번지지 않았고, 돌이 지나고는 거의 사라졌어요.

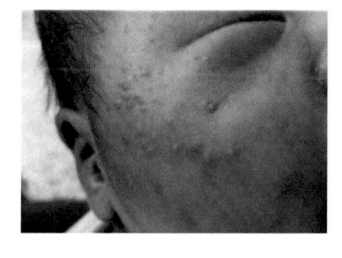
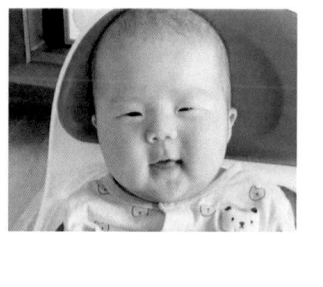

18

아기 얼굴에
홍조가 심해요.
태열인가요?

　시윤이에게는 지루성피부염뿐 아니라 태열도 나타났는데
요, 지루성피부염이 가라앉은 후에도 피부가 빨갛게 되는 현
상이 여러 번 나타났어요. 황달 때문에 병원에 갔을 때 의사
선생님께 여쭤보니 지루성피부염도 있지만, 태열도 있다고
하시며 아기를 시원하게 해주고 자주 보습해주라고 하시더라
고요.

　집에 와서 온도를 낮추고, 보습을 자주 해줬더니 빨갛던 부
위가 점점 가라앉더라고요. **집안 온도를 내릴 때는 어른이
느끼기에 선선하다 싶게 내려주는 게 좋아요.** 22-23도 정도

로 내려줘야 하는데 웃풍 등으로 어른도 너무 춥다는 느낌이 들면 상황에 따라서 온도를 조절해주세요. 무조건 낮은 온도만 고집하다가 아기가 감기에 걸리면 정말 큰일이니까요.

수딩젤을 사용한다면 그 위에 크림을 덧발라서 수분이 날아가지 않도록 해주세요! 수딩젤은 즉각적으로 수분감을 주지만 오래 유지되지는 않아서 베이비 크림으로 수분감을 가둬 주어야해요.

건조한 겨울철이라면 가습기를 많이 틀어서 습도를 높여 주세요. 아기에게는 50%의 습도가 적절하다고 하는데, 겨울철에는 아무리 가습기를 많이 틀어도 습도를 50%로 맞춰 주기 힘들더라고요. 그래서 처음에는 가습기를 총동원해서라도 50%를 맞추려고 노력했어요. 하지만 난방을 해서 그런지 50%가 되면 덥고 축축한 공기가 되어 숨쉬기에 갑갑한 느낌이 들어, 습도 40% 정도로 맞춰 주었어요.

19
아기 코에서
그렁그렁 소리가 나요,
어쩌죠?

시윤이가 신생아 무렵에 저를 힘들게 한 것 중 하나가 아기 코딱지 빼 주는 것이었어요. 아기가 너무 어릴 때는 콧구멍이 작아서 코딱지가 있으면 그렁그렁 소리가 나며 숨을 잘 못 쉬는 것 같이 느껴질 때가 있거든요. 그래서 코딱지를 빼 줘야 하는데 콧구멍이 너무 작으니 겁이 나더라고요.

다른 엄마들은 코딱지를 어떻게 빼 주는지 검색해봤더니 코뻥을 많이 사용하더라고요. 그런데 전문가들은 **코점막이 약한 아기에게 코뻥을 자주 사용하는 건 권장하지 않는 대요.** 자주 사용하거나 사용법이 미숙해 빨아들이는 힘을 잘 조절하지 못하면 아기의 귀 압력이 높아져 심한 경우 고막이 손상될 수도 있기 때문이라고 하는데요. 저는 깔끔떠는 제 성격에 구비해 놓으면 자주 사용할 것 같아서 아예 구비하지 않았어요.

대신 식염수와 아기 면봉을 이용해서 코딱지를 제거해주는 방법을 사용했어요. 코딱지를 빼는 과정에서는 코에 이물감이 느껴지니 놀라서 울던 아기도 코딱지를 빼 주면 숨쉬기가 편해져서 그런지 울음을 멈추고 좋아하더라고요. 몇 번 해보면 곧 익숙해져서 순식간에 할 수 있게 되니 초반에 아기가 울더라도 몇 번만 괴로움을 참고해보세요.

생후 60일쯤 되면 아기가 폭풍 성장해 아기 손톱깎이 세트에 들어있는 집게로도 코딱지를 꺼내어 줄 수 있어요. 면봉이 편할 때도 있으니 상황에 따라서 적절한 장비(?)를 사용하시면 돼요. 그리고 조금 더 지나면 굳이 꺼내어 주지 않아도 숨을 잘 쉴 수 있을 만큼 콧구멍이 커져요. 그 때가 되면 목욕하고 바깥에 나오려는 것만 청소해주면 되니 한결 편해진답니다!

▶ 아기 면봉을 이용한 코딱지 제거 방법

1. 아기 면봉에 식염수를 적셔요.

2. 아기 한쪽 콧구멍에 식염수를 1~2 방울 떨어뜨려요.
   - 이때 양쪽 콧구멍에 떨어뜨리면 안돼요!
   아기가 숨을 못 쉬어요!

3. 코딱지가 불어나서 빼내기 쉽도록 15~20 초간 기다려요.

4. 식염수가 묻은 면봉을 살살 돌려가며(엄지와 검지로 비벼요!) 넣어요.

5. 코딱지가 붙은 면봉을 꺼낼 때는 면봉을 직선으로 천천히 내려서 바깥으로 빼내요.

6. 그 상태에서 면봉 끝부분에 코딱지가 걸려 내려오면, 콧구멍 바로 앞에서 면봉을 30 도 정도 기울인 후 엄지와 검지를 이용해 면봉을 돌돌 돌려주세요. 그러면 불어나 콧물처럼 된 코딱지가 면봉에 돌돌 말리며 안으로 다시 들어가지 않아요!

● 목욕 직후에 코딱지를 제거하면 콧속이 이미 촉촉해서 2,3 번 단계를 건너뛰고 마른 면봉으로 살살 제거해주면 돼요. 그래서 목욕 직후에 코딱지를 제거해주는 것도 추천해요.

20

눈곱이 너무 자주
끼는 것 같아요.
눈병일까요?

신생아 시기에는 눈곱 끼는 것도 걱정이 되죠. 시윤이에게 눈곱이 많이 끼는 것 같아 접종 때 의사 선생님께 여쭤봤더니 **눈곱이 너무 많이 껴서 하루에 5번 이상 닦아줘야 할 정도가 아니라면 큰 문제 없다고 하셨어요.**

신생아는 아직 눈물샘이 완전히 열리지 않아 나왔던 눈물이 눈물샘으로 돌아가지 못해 눈곱이 자주 끼기도 해요. 그럴 땐 손을 깨끗하게 씻고, 아기 눈 앞쪽(눈물샘 있는 부분)을 지긋이(아주 살살) 누른 상태에서 동글동글 굴리며 마사지를 해주시면 좋아요. 시윤이도 하루 2~3번 해줬는데 많이 좋아졌어요.

 시윤이는 눈물이 많은 아기라서 200일이 지나도록 눈곱이 꽤 생기기는 했는데요. 역시 시간이 약이라 아이가 자라면서 눈물샘도 커지고, 자신의 의사를 표현해서 울 일이 줄어드니 눈곱도 아침 세수하고 나면 찾아볼 수 없게 되었답니다!

21

아기 항문 주변이
빨갛고 물집도 생겼어요.
어떻게 하죠?

 신생아 시기에 엄마 마음을 아프게 하는 대표적인 질환 중 하나로 기저귀 발진이 있어요. 시윤이는 조리원에서부터 발진이 시작되었어요. 조리원에서는 신생아실 선생님께 말씀드려 발진이 없어진 상태로 퇴소했어요.

 그런데 집에 와서 며칠이 지난 후부터 또 발진이 올라왔어요. 우선 발진의 원인을 살펴보았어요. 기저귀 발진은 아기의 항문에 대변 찌꺼기가 남아있을 때 생기는 경우가 잦아요. 신생아시기 아기들은 대변이 묽기때문에 응가를 하지 않더라도 소변을 볼 때 조금씩 같이 나오기도 해요. 피부가 약한 시윤이의 경우 새어 나온 응가를 처리해주지 않고 조금 길게 방치하면 발진으로 이어졌어요.

일단 발진이 생기면 통풍을 잘 해주는 것이 중요해요. 우선 기저귀를 자주 갈아서 습하지 않게 유지해주었어요. 기저귀를 갈 때마다 항문부분을 부채로 부쳐서 물기를 말린 후 기저귀를 갈아주었고요. 발진크림(기저귀 크림)을 늘 사용해주었어요.

물티슈는 피부에 더 자극이 갈까봐 사용하지 않았고, 응가를 하면 물로 항문을 닦아내고 대변 처리용 손수건을 따로 정해서 물기를 제거해주었어요. 발진이 심해져서 물집이 빨갛게 동그라미 모양으로 까졌을 때는 비판텐도 발라주고 더욱 자주자주 기저귀를 갈아줬어요. 아주 심해졌을 때는 기저귀 위에 손수건을 덧대어 주기도 했어요.

발진이 생기는 아기라면 평소에 기저귀크림은 발진이 생기기 전에 발라 발진을 예방해주세요. 우리가 어릴 적 쓰던 베이비파우더 대용이라고 생각하시면 돼요. 항문을 보송보송하게 유지해주는 역할을 해요. 남아의 경우 사타구니 주변에도 발라서 그 부분도 짓무르지 않도록 관리해주시는 것이 좋아요. **하지만 일단 발진이 생겼다면 기저귀 크림은 사용을 중**

단하고, 치료를 위해 연고(비판텐)를 발라야 한다는 점도 기
억해주세요.

22

아기가 자꾸만 토해요.
속이 불편해서
그러는 걸까요?

　우유 먹이고 트림을 잘 시킨 것 같은데도 게워내는(흔히 올린다고 표현하죠) 아기들이 많지요. 시윤이는 아주 심한편은 아니었는데, 그래도 신생아 시기에는 하루에 한 번 이상은 꼭 올렸고, 백일까지도 자주 올렸던 것 같아요. 속이 불편한가 해서 저도 걱정이 많았는데요. 결론부터 말하자면 분수토를 하루에 여러 번 하는 아기가 아니면 크게 걱정하지 않아도 돼요.

　아기의 장기는 성인과는 다르게 일직선으로 되어있어요. 그래서 우유를 잘 먹고 트림을 잘 시켰는데도 올리는 경우가 많아요. 자라는 과정에서 일자였던 장기가 자리를 잡으면 자연스럽게 줄어든답니다. 시윤이는 50일쯤 되어서 게우기에 정점을 찍더니, 그 뒤로는 차츰 줄어들었고, 뒤집기와 함께 다시 많이 게워내더니 되집기 하면서 덜해지더라고요.

그래도 올리는 게 너무 심한 것 같다면 수유 시 한 번에 먹이지 마시고 몇 번에 나눠서 트림시켜가며 먹여보세요. 수유 후에는 과격한 놀이나 움직임은 삼가고, 트림을 잘 시켜주면 아무래도 전보다는 덜 게우더라고요.

그리고 분유를 먹이는 경우, 젖꼭지 사이즈를 올려주면 한 번에 많은 양을 먹게 되어 적응할 때까지 하루 이틀은 잘 게워내더라고요. 2~3일간의 적응 기간 후에는 대체로 괜찮아지니 너무 걱정하지 마시고 젖꼭지 단계를 올릴 땐 아기가 너무 급하게 먹지 않도록 해주세요!

23

예방접종이 많은데
뭘
예방하는 건가요?

 생후 100일까지 맞아야 하는 예방접종은 태어날 때 병원에서 맞는 B형간염 1차를 제외하고도 생후 한 달 이내에 맞아야 하는 B.C.G, 만 1개월에 맞는 B형간염 2차, 만 2개월 이후에 맞는 DTP, IPV, 뇌수막염1차, 폐구균 1차 접종이 있고, 선택접종인 로타바이러스(경구용)까지 7개나 있어요. 정말 많지요?

 각 백신의 기능을 정리해보면 다음과 같아요.

접종 시기	접종명	비고
출생시	B형간염 1차	*병원에서 신생아 처치 시 주사함
4주 이내	B.C.G	*경피용(도장형)으로 접종 시 유료 *WHO에서는 피내용을 권고
만 1개월	B형간염 2차	
만 2개월	DTP	*디프테리아, 백일해, 파상풍 예방 *디프테리아&백일해: 호흡기 질환 * 파상풍 상처를 통해 전파되어 근육을 경직시키는 질환
	IPV	*소아마비 예방
	뇌수막염 1차	*뇌수막염 예방
	폐구균 1차	*폐렴, 중이염, 뇌수막염을 일으키는 폐구균 질환 예방
	로타 바이러스	*유료 선택접종, 경구용(먹는) 백신 *영유아에서 발생하는 위장관염 예방

100일까지 접종해야 할 접종이 참 많죠. 하지만 실제로 병원에는 3번만 방문하면 됩니다. 다행히도 2개월에 맞아야 할 DTP, IPB, 뇌수막염은 혼합백신으로 주사 한 대로 맞을 수 있고, 폐구균과 같은 날 접종이 가능하거든요. 로타 바이러스 백신 역시 같은 날 투약이 가능합니다.

너무 어린 아기에게 한 번에 주사를 여러 대 맞추기가 부담

된다면 2회에 걸쳐 나눠 맞춰도 돼요. 저는 2개월에는 한 번에, 4개월에는 나눠서 맞춰봤는데 시윤이는 2개월 접종열이 가장 심하게 올랐어요. 4개월에는 혼합백신 접종 시에는 열이 났고, 접종열이 흔히 난다는 폐구균 접종 때는 열이 나지 않았어요.

6개월 접종 때는 하루에 몰아서 맞췄어요. 아무래도 주사를 맞으면 컨디션이 떨어지는데 한 번만 겪고 넘어갔으면 해서요. 맞춰 본 결과 시윤이는 하루만 접종열이 살짝 오르고 지나갔답니다.

24

예방접종 후
열이 나요.
어떻게 대처해야 하죠?

 예방접종이라는 것이 안전하게 처리된 균을 아기 몸에 주입해 내성을 갖게 하는 거잖아요. 그러니 균과 싸우는 동안 열이 나는 것은 당연한 일이에요. 아기의 면역반응이 잘 작동하고 있다는 증거이거든요. 그러니 일단 너무 겁먹지 말라는 말씀을 먼저 드리고 싶어요.

 접종열은 대부분 접종 후 24시간 안에 오른다고 하는데, 시윤이 같은 경우는 오전에 접종을 하고 오면 그날 밤 가까이 되어서 접종열이 오르거나 그 다음날 접종열이 올랐어요. 그래서 추가로 알아보니 48시간 이내에는 접종열이 날 수 있다고 해요.

접종 후 48시간 이내이고 38.5도 이상의 고열이 아니며(이런 경우에도 해열제를 먹고 열이 지속되지 않고 떨어진다면 괜찮아요.), 아기가 잘 놀고 생활에 지장이 없다면 굳이 병원에 방문하지 않아도 집에서 케어할 수 있어요.

아기는 기본적으로 체온이 높아 37.5도까지는 미열로 보지 않고 정상체온으로 봐요. 37.5도가 넘어가면 그때부터는 열이 나는 것이니 다음 장의 접종열 대처법을 참고해 대처해주시면 돼요. 체온은 한 시간에 한 번씩 재어 아기의 상태를 확인하면 돼요. 너무 자주 측정하면 아기가 스트레스 받으니, 한 시간에 한 번 정도씩 측정하며 상태를 보세요.

고막 체온계를 사용하는 경우, 양쪽 귀에서 측정되는 체온이 다른 경우가 있는데요. 양쪽 귀를 모두 측정해 체온이 더 높은 쪽을 기준으로 열이 나는지를 판단해요.

아기들은 분유나 모유를 통해 수분을 섭취해요. 열이 나서 수유 양이 평소보다 많이 줄면 탈수가 일어날 수 있어요. 소아과에 확인해본 결과 혹시 아기가 열로 입맛이 없어 모유나 분유 섭취량이 많이 줄어 탈수가 걱정되면 끓였다 식힌 물을 조금 마시게 하시는 것도 괜찮다고 해요.

▶ 접종열에 대처하는 법

1. 우선 집을 시원하게 만들어주세요.
2. 옷을 벗기고 기저귀만 채운 상태에서 배만 차지 않게 덮어주세요.
3. 미지근한 물을 손수건에 적셔서 아기의 이마와 몸의 접힌 부분(뒷목, 겨드랑이, 팔꿈치 안쪽, 무릎 바깥쪽)을 닦아주세요. (차가운 물은 안돼요!)
4. 그래도 열이 떨어지지 않거나 열이 더 오르면 (의사와 상의 후) 엄마의 판단에 따라 아세트아미노펜 계열의 해열제를 사용할 수 있어요.

일반적으로 4개월 미만의 아기에게 해열제를 사용하는 것은 권하지 않아요. 해열제 복용법에도 4개월부터 표기가 되어있 더라고요. **하지만 접종열을 그대로 방치할 수는 없기에, 4개월 미만인 아기에게 해열제를 사용해도 되는지 여부는 전문가와 상의해야 해요.**

저는 예방접종 하러 갔을 때 접종열이 오르면 해열제를 먹여도 되는지 의사 선생님께 확인했어요. 저는 38도가 넘어갔을 때 챔프 시럽 빨간색(아세트아미노펜 계열)을 먹였어요.

보통 아기 몸무게x0.3 해서 먹이는데 용량은 의사 선생님께 확인하거나, 약사 선생님께 확인하는 것을 추천해요.

열은 보통 새벽에 더 오르는 경향이 있어요. 그래서 저는 재우기 전에 열이 38도에 가까우면 미리 약을 먹여 열이 떨어진 상태에서 편안하게 잘 수 있도록 했습니다. 몇 차례의 접종열 모두 새벽에 가장 많이 올랐고, 자고 일어나 그 다음날 오후가 되면 완전히 떨어지는 모습을 보였어요.

아기가 아프면 엄마마음이 참 조마조마 해요. 그래서 첫 접종열이 올랐을 때는 진짜 겁이 나서 아무것도 못하고 아기 간호만 했던 것 같아요. 그래도 접종열인 경우 하루정도 지나면 열이 내리고 아기 컨디션도 회복하니 하루만 힘내세요!

25

아기가
턱을 덜덜 떨어요.
추워서 그런 걸까요?

처음으로 시윤이가 턱을 덜덜 떠는 것을 봤을 때는 어디가 잘못됐나 싶어서 걱정했던 기억이 나요. 집은 충분히 따뜻한데 아기는 추운가? 싶어서 온도를 올려보다가 열꽃을 추가로 얻기도 했어요. 걱정되는 마음에 인터넷에 검색해보니 생각보다 많은 아기들에게 턱 떨림 현상이 있더라고요.

시윤이 예방접종을 위해 병원에 방문해 담당 의사 선생님께 턱 떨림 현상에 대해서 여쭤봤어요. **전문의의 의견으로는 경기하듯 심하게 턱을 떠는 것이 아니라면 괜찮다고 해요.** 신생아들은 아직 신경이 덜 발달되어서 흔히 그럴 수 있다고 하더라고요. 그 이후로는 마음을 놓고 크게 신경 쓰지 않았더니 시윤이는 100일 전후 어느 날 없어졌더라고요. 그러니 아기가 턱을 살짝 떠는 정도라면 크게 걱정하지 않아도 될 것 같아요.

26

갑자기 왜
아기가 허스키한
목소리를 내죠?

어느 날 갑자기 아기가 목이 쉬어 있는 경우, 두 가지 원인을 의심해 볼 수 있어요. **첫째로 아기가 너무 많이 울었을 때 허스키한 목소리를 낼 수 있어요.** 많은 아기들이 전날 너무 많이 운 경우 목이 쉰다고 해요.

둘째로는 목에 염증이 생겼을 때 허스키한 울음소리를 낼 수 있어요. 시윤이가 이런 경우였는데요. 전날까지 전조증상도 없던 아기가 갑자기 아침부터 우는 소리가 너무 허스키하게 바뀐 거예요. 걱정이 되어 소아과에서 진료를 보았는데, 목에 염증이 생겼다고 하더라고요. 아기가 너무 힘들어하면 약을 줄 수도 있지만, 약을 먹이지 않아도 가라앉을 것 같다는 의사 선생님의 소견에 이틀 정도 평소보다 따뜻하게 분유와 물을 먹였더니 싹 사라졌어요.

저는 너무 놀라서 아기 컨디션이 꽤 좋았고 잘 놀았는데도 비가 오는 날 병원으로 달려가느라 고생 아닌 고생을 했는데요. 아기가 심하게 힘들어하는 게 아니라면 하루 이틀 정도는 지켜본 후 병원에 가는 것을 결정하셔도 좋을 것 같아요! 엄마 마음에 안정이 필요하다면 병원에 방문해 진료를 받아보는 것도 물론 좋고요!

5장

아기와 지내는 하루,
조금이라도
편하고 싶다고요?

27

우리 아기,
왜
우는 걸까요?

 사실 우리 아기 엄마들이 가장 궁금한 게 아기가 우는 이유가 아닐까 싶어요. 안타깝게도 말을 못 하는 아기가 정확히 왜 우는지 알 길은 아직 없어요. 대신 아기가 짧게 울고 금방 그쳐 덜 힘들게 도와줄 수 있는 방법은 설명해드릴 수 있어요!

 아기의 울음을 그치게 하려면 아기의 신호를 읽을 수 있어야해요. 말로 표현할 수 없는 아기는 우는 것으로 자신이 어딘가 불편하다는 의사표현을 하거든요. 아직 명확한 원인이 밝혀지지 않은 영아산통을 제외하고는 오래 떠나가라 우는 경우는 거의 없더라고요.

신생아라면 '졸려요, 배가 고파요, 기저귀가 축축해서 불편해요, 그냥 뭔가 불편해요' 이 네 가지 원인이 주된 울음의 원인이기 때문에 하나씩 소거해 해결하다 보면 대부분 울음을 그쳐요. 신생아 시기가 지나면 아기들은 위 조건에 '심심해요' 정도가 추가돼요.

우선 수유텀이 잡혀 있는 아이의 경우 수유를 언제 했는지 확인해 배가 고픈 것은 아닌지 확인해주시고, 다음으로 기저귀(수유텀이 일정치 않은 경우는 기저귀를 가장 먼저 확인해보세요! 너무 자주 먹이게 될 수 있어요!), 그리고 잠 텀을 확인해 졸린 것은 아닌지 확인해보세요. 대부분 소거법으로 하나하나 해결해가다 보면 하나는 걸려들게 된답니다.

그래도 계속 운다면 그건 불안해서 엄마 품을 찾는 것이거나, 트림을 못해서 우는 경우가 대부분이었어요. 트림을 못하면 속이 불편하니까요. 특히 밤중 수유 후 트림을 못 시킨 경우 시윤이는 비명을 지르며 깨어나곤 하더라고요. 그래서 특히 밤중수유 때는 트림을 신경써서 시켜주려고 노력했어요. 역류방지쿠션도 적극적으로 이용하구요.

한밤중에 자지러지게 우는 경우 영아산통 때문일 수도 있어요. 시윤이는 영아산통이 심하게 있지는 않았는데 시윤이 친구들의 경우 영아산통이 있는 아가들은 살살 팔 다리를 만져주며 마사지해주면 잘 자기도 하더라구요. 아기가 100일까지 태어난 몸무게의 2배로 성장해야 한다고 하니 성장통이 어마어마하겠죠? 영아산통의 원인이 정확하게 밝혀지지는 않았지만, 성장통의 일종이 아닐까 추측해보며 살살 마사지를 해주세요.

아기가 태어난 지 100일쯤 지나면 엄마가 아기의 성향을 파악하게 되고, 아기도 어느 정도 생활 패턴도 잡히기 때문에 울음의 이유를 찾기가 훨씬 수월해진답니다. 100일경부터는 시윤이도 이유 없이 우는 날은 많지 않더라고요. 울음 끝도 짧아지고요. 그래서 다들 백일의 기적이라고 하나보다 그런 생각도 들더라고요.

28

등 센서 없는 아기로
키우기 위한 꿀팁
궁금하세요?

'울 때마다 안아서 달래야 할까?' 우는 아기를 볼 때마다 안쓰러운 우리 엄마들의 최대고민이지요? 이 문제에 대한 답은 전문가들도 의견이 다 다르더라고요. 제 경우에 가장 중요한 건 엄마의 정서적인 안정이라고 생각해요. 울 때마다 둥가둥가 안아서 달래는 것이 엄마에게 가장 좋은 선택이라면 그렇게 하시면 돼요.

매번 둥가둥가 해주려니 등센서가 걱정되는 분도 계시죠? 바로 제가 그랬는데요. 저는 잘 때만큼은 누워서 잠드는 게 자연스럽고 편한 일이라는 것을 알려주고 싶었어요. 그래서 아기와 놀 때는 둥가둥가 안아서 달래고 놀아주다가 **눈에 졸음이 가득 몰려오면 눕혀서 잘 수 있도록 했어요.** 그 과정에서 몇 번 으엥~ 하기도 하지만 적응되니 등 대면 스르르 잠들더라고요. 그 덕분인지 저는 한 번도 등센서로 고생해본 기억은 없어요.

또 엄마가 울 때마다 어디선가 나타나는 초능력자가 아니라는 걸 알려주기 위해 울때마다 즉각 반응하지는 않았는데 이것 역시 시윤이에게는 효과가 있었어요. 혼자 두리번거리며 주변을 탐색하기도 하고 관찰하며 놀더라고요.

정말 바로 가지 않아도 되나? 생각할 수도 있어요. 저는 육아에서 '일관되게 지속할 수 있는지?' 여부를 가장 중요하게 생각하는데요. 아기가 울 때마다 매번 만사 제쳐두고 갈 수는 없다고 생각했어요. 그래서 아기에게도 스스로 진정하는 법을 알려줘야 한다고 생각했고요.

저는 시윤이가 울기 시작하면 10초를 세고서 아기에게 가보았어요. 아기가 점점 클수록 시간을 조금씩 늘려갔고요. 울음소리를 듣고 열을 세고 움직이기 시작하면 신기하게 아기에게 가려고 할 때쯤 아기가 울음을 그치는 경우가 많았어요. 아기도 스스로 진정하는 거죠.

아기는 말을 할 수 없기때문에 우는 것으로 말하고 싶은 것을 전달해요. 그래서 꼭 바로 해결해야 하는 일이 아니더라도 울음으로 불편함이나 불만을 표현하기도 해요. 마치 우리가 뭔가 불편하거나 할 때 혼잣말로도 투덜대는 것처럼요. 우리도 기분이 수시로 변하잖아요. 불만이 있으면 투덜거리기도 하고, 시간이 조금 지나면 투덜거리던 것조차 까먹고 기분이 좋아지기도 하고요. 아기들도 우리처럼 시간이 지나면 기분이 변할 수 있으니, 울음에 바로 반응하기보다는 가끔은 스스로 관심을 다른 곳으로 돌려 진정해보는 기회를 줘보면 어떨까요?

물론 모든 상황에서 이렇게 해야 하는 건 아니고요. 우는 소리가 평소와 다른 경우에는 바로 반응해서 아기를 살펴보고 안심시켜주는 것도 물론 중요해요!

29

아기랑

뭐 하고

놀까요?

 아기에게 놀이란 세상을 알아가는 배움의 과정이랍니다. 그래서 각 시기의 발달과업을 알고 있으면 아기랑 놀아주기가 굉장히 수월해요. 해당 시기에 아기가 해내야 하는 발달과업을 성취할 수 있도록 돕는 방식으로 아기와 놀아주면 되거든요.

 한 달 미만의 신생아는 잘 먹고, 잘 자고, 양육자와의 애착 형성을 하는 것이 가장 중요해요. 그래서 특별하게 놀아줄 건 없고, 눈 뜨고 있을 때나 수유 후 트림시킬 때 안아주며 엄마 아빠의 목소리를 들려주는 정도면 충분해요.

한 달 정도가 지나 신생아에서 벗어나면 초점 맞추기와 목 가누기를 위한 놀이를 하면 좋아요. 생후 1개월 정도면, 아기가 모빌을 '본다'는 느낌이 생겨요. 초점이 조금씩 맞기 시작하는 거죠. 이 시기에는 모빌을 보여줄 때 모빌 높이를 조금씩 조절해 아기가 초점을 더 멀리 이동시킬 수 있도록 도와주고요. 엄마 아빠는 아기를 눕혀 놓고 아기 얼굴 위에서 천천히 얼굴을 움직여서 아기가 시선으로 엄마 아빠를 따라갈 수 있도록 놀아주는 놀이를 해서 초점 맞추기를 놀이로 도와줄 수도 있어요.

목 가누기는 백일까지 아기가 발달시켜야 하는 능력인데요. 터미타임을 통해 발달시켜 줄 수 있어요. 아기를 역류방지 쿠션위에 조금 엎어 놓아주거나, 수유쿠션을 아기 가슴 앞쪽에 놓아 고개와 가슴을 쉽게 들 수 있도록 터미타임을 도와줄 수 있어요.

어디까지나 훈련이 아니라 놀이 수준으로 아기가 힘들지 않을 정도로 짧게 끊어서 해야 해요. 아기가 힘들어하면 바로 멈춰야 한다는 걸 잊지 마세요! 지금은 잘 못하는 것 같아도 때가 되면 어느 날 갑자기 잘 하고있는 모습을 발견할 수 있을 거예요. 터미타임의 경우 수유 직후에 하면 위가 눌려서 우유를 게울 수 있으니 어느정도 소화를 시켜준 후에 하시고요.

100일이 가까워 오며 시윤이가 깨어 있는 시간이 길어졌을 땐 손수건을 이용해서 까꿍 놀이도 해주고요. 책도 읽어줬어요. 아기가 쉽게 들어올릴 만한 인형을 손에 쥐어 주며 놀기도 했고요. 시윤이에게 말도 많이 걸어주고 옹알이에 반응도 해주려고 노력했어요.

이 때 중요한 건 엄마가 너무 무리하지 않으며 아기와 놀아주는 거예요. 저도 어디까지나 제가 즐거운 선에서 아기와 놀았어요. 육아는 장기전인데 너무 초반부터 힘 빼면 안되니까요! 아기가 스스로 관찰하면서 세상과 친해지는 시간도 꼭 필요한 시간이니까 아기의 모든 행동에 다 반응해야 한다고 스트레스 받지 마세요!

30

쪽쪽이
사용해요
말아요?

공갈 젖꼭지 (일명 쪽쪽이)의 사용을 고민하시는 맘들 많으시죠? 구강구조에 문제가 생긴다는 소문으로 사용을 고민하시는 분들이 많으시더라고요. 제가 여기저기 전문가의 자료를 리서치 한 결과 유치가 다 나지 않은 영아시기에 쪽쪽이를 사용한다고 해서 구강구조에 문제가 생긴다는 이야기는 근거가 없다고 해요. 그래서 저는 시윤이에게 쪽쪽이를 활용해서 빨기 욕구를 충족시켜 주었답니다.

쪽쪽이를 사용하는 아기들은 영유아 돌연사 확률이 낮다는 연구결과가 있어요. 그래서 미국 돌연사 방지 센터에서는 공

갈 젖꼭지 사용을 권장한다고 하니 특히 수면시에 공갈 젖꼭지 사용은 추천하고 싶네요.

아기마다 천차만별이겠지만 시윤이는 쪽쪽이보다는 손가락 빠는 걸 좋아했는데, 6개월 정도까지는 그래도 잠들기 전에 쪽쪽이를 입에 물려주는 것을 수면신호로 했어요. 손가락을 더 많이 빠는 시기에는 낮에도 놀 때 입에 가끔 물려주기도 하고 그 시간을 조금씩 늘려가며 쪽쪽이를 사용했답니다.

아기들은 6개월까지가 빨기 욕구가 가장 강하다고 해요. 그래서인지 시윤이도 6개월까지는 쪽쪽이를 사용했어요. 6개월이 지나니 확실히 빨기 욕구가 약해졌는지 낮에는 손을 빠는 일이 거의 없더라고요. 졸릴 때만 손가락을 빨면서 잠을 자길래 쪽쪽이는 자연스럽게 떼게 되었어요.

유치가 난 이후에도 아기가 깊이 잠들고 나서 쪽쪽이를 뺍는다면 수면 신호로 쪽쪽이를 사용하는 것은 문제가 되지 않아요. 그러니 아기가 깊이 잠들면 공갈 젖꼭지를 뺄 수 있도록 유도해 물고 자는 습관이 들지 않도록 신경 써주세요.

31

속싸개
답답하지 않을까요?
언제 풀어줄까요?

일반적으로는 속싸개를 생후 1개월 이후 서서히 풀어주는 것을 권장해요. 속싸개를 활용하면 스스로 팔을 조절하지 못하는 아기가 안정감을 느끼는 데 도움이 되거든요. 조리원에서 사용하는 네모난 담요 모양의 속싸개가 아닌, 벨크로(일명 찍찍이)나 지퍼형으로 되어있는 스와들업이나 스와들미를 활용하면 초보 엄마 아빠도 쉽게 사용할 수 있어요.

저는 답답한 걸 싫어하는 성격이에요. 그러다 보니 아기가 속싸개를 하고있는 모습을 보며 '아기가 답답해하면 어떡하지?'하는 생각이 들더라고요. 그래서 생후 3주부터는 한쪽

팔씩 풀어주며 속싸개에서 벗어나는 것에 적응하게 해주었어요. 다만 밤잠을 잘 때는 조금이라도 더 재우기 위해서 속싸개를 해주었어요. 아기는 아직 자신이 원하는 대로 몸을 컨트롤 하지 못하기 때문에 자신도 모르는 사이에 팔을 움직이기도 해요. 이 현상을 모로 반사라고 하는데 모로 반사에 놀라 잠에서 깨어나는 경우도 있으니 밤에는 속싸개를 해줘야 엄마가 조금이라도 더 잘 수 있어요.

32

아기 목욕,
어떻게
시키죠?

　신생아를 목욕시킬 때는 깊이가 깊은 아기 욕조를 사용하는 것보다 세숫대야 2개를 사용하는 것이 더 편해요. 아기 욕조는 너무 깊어서 몸을 제대로 가누지 못하는 아기를 안정감 있게 잡고 씻기려면 불편한 자세로 손목에 힘을 많이 줘야 하거든요. 저는 다이소에서 판매하는 타원형 대야 1개와 원형 대야 1개를 이용해서 100일까지 시윤이 목욕을 시켰어요! (원형 대야는 2개월 지나니 작아져서 조금 큰 직사각형 정리 바구니를 이용했어요. 처음부터 타원형 대야 2개를 샀으면 더 좋았을 듯해요!)

굳이 대야를 두 개 사용하는 이유는 하나는 목욕물, 하나는 헹굼물로 사용하기 위해서예요. 목욕물 온도를 측정하기 위해 아기 목욕물 온도계를 구매하시는 분들도 있는데 저는 제 성격에 몇 번 쓰고 안 쓸 것 같아서 제 손으로 측정했어요. 목욕물은 엄마가 느끼기에 따뜻한 정도로 받으면 돼요. 헹굼물은 조금 더 따뜻한 정도, 느끼기에 '따끈하다'는 정도로 받아주면 좋고요.

　대야를 놓을 때는 씻기는 사람을 기준으로 일(一)자가 아니라 역 브이(ㅅ)자로 엄마 몸에 바짝 붙이는 것이 아기를 씻기기에 더 편해요. 손이 잘 닿는 곳에 아기용 탑투토(샴푸, 바디워시 겸용)도 준비하고요. 씻긴 후 아기 물기를 닦을 아기 수건이나 천기저귀, 기저귀 크림, 바디로션(크림)도 미리 세팅해 두어야 중간에 아기를 안고 우왕좌왕하지 않을 수 있겠죠? 미리 속싸개, 기저귀, 아기 옷도 바로 입힐 수 있게 펼쳐 놓아주세요.

　시윤이는 겨울 아기라서 방에서 씻겼어요. 신생아는 체온조절 능력이 떨어져서 감기에 걸리기 쉽기 때문에, 집에서 가장 따뜻하고 온도변화가 적은 곳에서 아기를 씻기는 것이 좋아요.

아기를 씻길 때는 얼굴, 머리, 몸 앞면, 몸 뒷면, 헹구기 순서로 씻기면 돼요. 아기 목욕을 시작하기 전, 엄마(또는 아빠) 손을 깨끗하게 닦는 건 기본이겠죠? 유튜브를 찾아보면 전문가들의 신생아 목욕시키는 법 영상이 다양하게 있으니 몇 개를 찾아보시고 잘 맞는 방법으로 하시면 돼요.

영상과 사진으로 설명하고 싶은데, 시윤이는 이미 한 손으로 안을 수 없을 만큼 너무 커버려서 불가능하더라고요. 이 책을 쓸 줄 알았다면 목욕하는 영상도 찍어둘 걸 그랬죠. 그 대신 더 막막했던 100일 이후 목을 가누는 상태가 되었을 때 샤워기로 아기 씻기는 방법을 뒤에서 알려 드릴게요. 신생아 목욕 영상은 찍을 수 없지만 저희 부부가 다양한 방법으로 씻겨보고 찾은 최적의 목욕방법을 최대한 쉽게 글로 풀어서 설명할게요.

▶ 신생아 목욕시키는 법

1) **얼굴**

아기를 속싸개 한 상태에서 엄마의 왼쪽 옆구리와 팔 사이에 몸을 끼우고 왼손 엄지와 검지로 아기 머리를 받쳐주세요. (왼손 잡이시라면 반대로 하시면 돼요) 속싸개를 이미 졸업한 아기라도 목욕할 때는 손을 움직이지 않도록 속싸개를 채우고 씻겨야 편하게 씻길 수 있어요.

아기 얼굴을 먼저 씻겨줍니다. 엄지에 물을 묻혀서 눈부터 두 번씩 안에서 밖으로 살살 닦아내 주시고, 코, 볼, 턱, 이마까지 닦아내 주는 걸 2번 해주세요. 귓바퀴 가장자리와 귀 뒷부분도 물을 털어내고 닦아주고요. 목욕을 시키다 보면 귀 부분 씻기는 걸 까먹기 쉬운데, 이 부분에 은근 때가 많이 낀답니다. 아직 목욕물이 깨끗한 상태이기 때문에 목욕물로만 씻어주면 돼요. 손수건으로 물기를 살짝 닦아주고 이제 머리를 감기기로 넘어갈게요.

2) 머리 감기기

세수가 끝난 그 상태에서 머리 감기기를 시작해요. 얼굴로 물이 흐르지 않도록 조심하면서 오른손으로 물을 떠서 아기의 머리를 적셔요. 탑투토를 조금 짜서 손바닥으로 아기 머리를 원을 그리며 거품을 내준 후, 손 끝으로 두피도 깨끗이 씻어주세요.

비누 거품을 목욕물 1차, 헹굼물 2차로 씻겨내고 아기 머리에 수건이나 손수건을 올려 살살 눌러줘서 물기를 제거해주시면 머리감기는 끝나요!

3) 몸통 앞면 닦이기

아기의 속싸개를 벗기고, 왼팔 팔꿈치 조금 아래에 아기 목과 머리가 이어지는 부분을 기대 아기 목을 지탱하며 아기 왼쪽 겨드랑이 사이로 엄지를 제외한 네 손가락을 넣어주세요. 아기 어깨와 겨드랑이를 잡아 아기를 고정시킨 후 오른손으로 아기 엉덩이를 받쳐서 목욕물이 담긴 대야에 옮긴 후 오른손을 빼며 앉혀주세요.

물을 살살 끼얹어서 아기가 놀라지 않게 한 후 오른손에 탑투토 워시를 한두 번 펌핑해 아기 몸 앞부분을 닦아주세요. 신생아는 손을 펴지 못해 주먹을 쥐고 있죠. 주먹 쥔 손 안쪽으로 때가 많이 끼니 그 부분도 닦아 줘야해요. 아기 손을 물속에 넣으면 아기가 손의 힘을 푸니까 물속에 아기 손을 넣어 손가락을 아기 주먹 사이로 집어넣어 닦아주면 돼요.

손 외에도 목주름, 겨드랑이나 발가락 사이, 와
이 존 등 살과 살이 겹치는 부분에 때가 많이 끼
니 섬세하게 잘 닦아줘야 해요.

아기를 씻길 땐 연약한 아기라는 생각에 무조
건 살살 씻겨야 한다고 생각하기가 쉬워요. 하지
만 지루성피부염 때문에 소아과에 방문했을 때,
소아과에서는 뽀득뽀득하게 씻겨주라고 하더라고
요. 박박까지는 아니더라도 씻기는 손에는 조금
힘을 줘서 씻겨주세요.

4) **몸통 뒷면 닦이기**

엄마 왼팔에 올려 몸의 앞면을 닦인 아기를 오
른팔 위로 올려 아래를 보도록 엎어 뒷면을 닦을
거예요. 아기를 엎을 때는 왼팔과 같은 포즈를
데칼코마니처럼 아기의 몸통 앞에서 해서 아기를
기대게 해주면 돼요. 아기의 오른 어깨와 가슴
사이의 부분을 엄마의 오른팔에 기대고, 왼팔은
엄마의 오른손 엄지와 검지 사이에 걸쳐 겨드랑
이와 어깨를 엄마 손으로 감싸 쥔 후 앞쪽으로
당겨서 물속에서 수영하는 포즈가 되도록 뒤집어

주세요. 이때 목을 못 가누는 아기라면 아기의
얼굴은 살짝 틀어서 엄마의 팔에 기대게 해주면
돼요. 몸의 앞면은 이미 다 닦았으니 이번에는
등과 엉덩이만 빠르게 씻기면 돼요

5) **몸통 헹구기**

헹굼물을 담아둔 대야로 아기를 옮기기 위해 우
선 목욕물 대야 안에서 엎어 둔 아기를 다시 왼
팔로 지지해 몸통 앞면 닦일 때처럼 앉혀요. 그
후 오른손으로 엉덩이를 받혀 헹굼물로 이동해요.
아기를 앉힌 상태에서 헹굼물로 앞면 헹궈주고,
아기를 엎어서 뒷면 헹궈주면 목욕은 마무리돼요.

6) **아기 보습 해주기**

목욕을 끝낸 후 아기를 펼쳐 둔 수건 위로 옮겨
아기의 몸을 감싸서 살살 눌러주며 물기를 제거
해주세요. 물기를 닦아준 후에는 속싸개로 옮겨
요. 우선 아기가 얼굴에 상처내는 걸 막기 위해
서 속싸개로 아기 손을 먼저 덮어주세요.

그 후 보습크림이나 로션 오일 등을 이용해서

아기 보습을 해주면 돼요. 보습제를 발라줄 때는 살살 펴 바르고 한 번씩 주무른다는 느낌으로 살살 피부를 만져 주시면 흡수가 싹 돼요. 아직 태지가 다 떨어지지 않은 경우, 아기 머리에도 오일을 발라주면 태지가 잘 떨어지고 깨끗한 두피가 된다고 해서 시윤이는 머리에도 오일을 발라주었어요.

보습 이후에는 용변을 언제든 봐도 괜찮게 기저귀를 일단 엉덩이 부분에 덮어만 두고 손 싸개를 먼저 한 후 기저귀를 제대로 채우고 옷을 입혀 마무리해요. 손 싸개를 먼저 하는 이유는 손을 마음대로 컨트롤하지 못하는 신생아가 자칫 얼굴에 상처를 낼 수 있기 때문이에요.

100일이 지나면 아기가 어느 정도 목을 가눌 수 있게 되는데요. 이때쯤 되면 슬슬 아기 욕조도 좁아지기 시작할 거예요. 아기는 생각보다 굉장히 빠르게 자라니까요. 아기를 조금 더 편하게 씻길 수 있는 방법을 고민하다가 시윤이는 4개월부터 샤워기를 이용해 씻겼어요.

처음 샤워기를 이용할 때는 샤워기 헤드에 손수건을 감싸서

2~3일간 샤워기에서 나오는 물에 적응할 수 있도록 해줘야 해요. 바닥에 구멍이 뚫린 범보의자(저는 소프트 릿첼 제품을 사용했어요)와 샴푸 캡을 이용하면 샤워기로도 아기를 씻길 수 있답니다. 아기를 안을 필요가 없고, 물을 담은 대야를 들 일도 없어서 손목에도 무리가 훨씬 덜 가니 아기가 목을 가누게 되면 이 방법으로 시도해보세요!

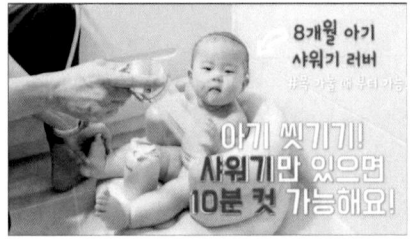

▲ QR코드를 찍으면 유튜브 영상으로 넘어갑니다.

33
작고 얇은
아기 손톱,
어떻게 깎아줘야 할까요?

아기의 손톱은 아주 연약하기때문에 일반 손톱깎이로는 잘라 주기가 어려워요. 그래서 아기 전용 손톱깎이 가위를 구매하는 것을 추천해요. 백일 전까지 아기들은 자기 손을 자유롭게 조절하지 못하기 때문에 손톱이 조금만 길어도 순식간에 얼굴에 상처를 내서 엄마 마음을 아프게 해요. 물론 아기 특유의 엄청난 재생력으로 금방 낫기는 하지만요. 그래도 상처는 없는 것이 좋으니 되도록이면 손톱, 발톱이 너무 길기 전에 잘라 주는 것이 좋아요.

손톱은 주 2회, 발톱은 주 1회 정도 잘라 주는 것을 추천해요. 아기가 수유하거나 자는 틈을 노리시는 것이 가장 빠르고 안전하게 자를 수 있는 방법이에요. 지금부터 아기 손톱을 깎는 방법을 설명할게요.

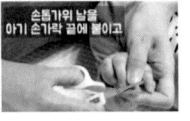

아기 손을 엄마의 왼손 안으로 넣고, 손톱을 자를 손가락 끝부분을 엄지와 검지를 이용해 잡아요. 아기 손가락 부분을 살짝 안으로 당겨 손톱의 자를 부분을 확인한 후 U자로 잘라주면 돼요. 너무 바짝 깎으면 살과 손톱 사이가 벌어질 수 있으니 1mm정도는 남긴다고 생각하고 잘라 주는 것이 좋아요. 그렇다고 너무 많이 남기면 얇은 아기 손톱이 뒤집어져 버린답니다. 적당하게 하는 것이 중요한데 이건 몇 번 해보시면 금방 감이 올 거예요!

아직 자신의 의사대로 팔을 움직일 수 없는 백일 이전 아기는 손톱을 잘라준 후 아기용 손톱 파일로 끝부분을 한 번씩 갈아주면 얼굴의 상처가 훨씬 덜하더라고요. 발톱도 마찬가지로 잘라 주면 되는데요. 아기 발가락은 동글동글해서 손톱만큼 바짝 깎아 주기는 어려워요. 그러니 너무 바짝 깎으려고 하지 말고 적당히 깎아 주면 돼요.

34

아기를 키울 때, 알고 있으면 유용한 앱 리스트요?

스마트 시대에 육아도 스마트하게 해야겠죠? 육아를 위한 스마트폰 어플도 한두가지가 아닌데요. 아기 낮잠시간마다 쪽잠 자기도 바쁜데 그걸 다 사용해보고 내게 맞는 앱을 찾기엔 너무 번거롭지요. 그래서 제가 미리 사용해보았어요! 제가 이것저것 써보고 정착한 찐 유용한 육아 앱들 공유할게요.

아기의 하루 패턴 체크를 위한 베이비 타임, 병원 접수를 미리 할 수 있는 똑닥, 아기가 열이 날 때 주기적인 체크와 해열제 복용량 체크 및 기록에 도움을 주는 열나요, 영유아 검진 시 유용한 The건강보험, 아기 사진을 시간순으로 자동

정리해주고 양가 가족들에게 공유해주는 베이비타임, 적당한 품질의 아기 옷을 저렴하게 구매할 수 있는 유니프랜드와 코디아이 앱을 소개할게요.

▶ 삶을짓다가 추천하는 육아 앱 리스트

1. 베이비 타임; 아기의 하루 패턴 체크해요!

우선 신생아의 경우 잠, 놀, 먹을 잘 충족시켜줘서 하루의 패턴을 일정하게 잡아주는 것이 가장 중요한 과제이죠? 이때 먹 놀 잠 패턴을 기록하는 여러 앱 중에 제가 정착한 앱은 베이비타임이라는 앱이었어요. 무료버전에서는 공동양육자 1명을 등록해서 동시에 사용이 가능한데요. 새벽에 잠을 나눠 자며 아기를 볼 때, 아침에 자고 있는 남편을 깨우지 않아도 밤새 아기가 수유를 했는지, 용변을 봤는지 체크할 수 있어 좋았어요.

2. 똑닥; 기다리지 말고 바로 진료받아요!

아기를 데리고 병원에 가려면 정말 이만저만 생각할 게 많은 게 아니죠? 다녀오는 동안 아기가 배가 고파지면 어떡하지? 지금 가면 얼마나 기다려야 하지? 오늘

00선생님 진료는 가능할까? 이런 궁금증이 머릿속에 떠오르잖아요. 예방접종부터 영유아 검진, 진료까지 병원 갈 일은 정말 많고요. 병원 갈 일 있을 때마다 정말 큰 도움을 받은 똑닥 어플을 소개할게요.

 똑닥 어플을 이용하면 집에서 미리 진료 예약이 가능해요. 어떤 선생님께 진료를 받을 지까지도 예약되고, 대기인원도 확인할 수 있어서 대략적인 시간을 계산해 집에서 출발하면 병원에 도착해서 많이 대기하지 않고 바로 진료를 볼 수 있어요. 저는 매번 사용하고 있는데 정말 제가 사용하고 있는 모든 육아 어플을 통틀어서 최고라고 생각해요!

3. 열나요; 열이 오른다면 열나요 앱으로 체크해요

보통 100일 전 아기들은 태어날 때 가진 면역력이 있어서 열이 나는 경우는 매우 드물지요. 하지만 시윤이도 접종열만큼은 피해갈 수 없더라고요. 열이 나면 매시간 열을 체크하며 지켜봐야 하는데요. 안 그래도 아기가 아파서 정신이 없는데 매시간 기억해서 열을 체크하고, 약을 먹일지 말지 결정해야 하는 건 얼핏 간단하지만 정말 힘든 일이더라고요.

그럴 땐 열나요 앱을 이용해보세요. 열나요는 알림으로 아이의 체온 측정시간을 알려주고요. 아이의 현재 체온을 입력하면 아기의 체온을 바탕으로 현재 아이에게 무엇을 해주어야 할지 알려줘요. 지켜보면 될지, 해열제를 투약해야 할지 같은 거요. 그리고 해열제를 먹인다면 해열제의 종류와 투약한 양을 입력할 수도 있고요. 저는 열나요를 알게 된 이후, 시윤이가 열이 나면 열나요 앱을 늘 애용하고 있어요.

4. The건강보험(건강인) ;
영유아 검진 문진표를 스마트폰으로 작성해요!

보통 영유아 검진을 받게 되면 문진표를 작성해야 하는데요. 요즘에는 대부분의 병원에서 '건강in'이라는 사이트나 앱에서 미리 입력해오라고 안내하더라고요. 그 '건강in'앱이 현재는 여러 앱과 통합되어 The 건강보험이라는 앱으로 변경되었어요. 영유아 검진 전에 미리 앱에 부모님 공인인증서나 공동인증서로 로그인 한 후 자녀의 영유아 검진에 대한 질문지를 작성해가면 병원에서 번거롭게 따로 설문지를 작성하지 않아도 돼요.

5. 베이비스토리;
아기사진, 매번 단톡으로 전송하기 귀찮지요?

하루종일 아기만 보기에도 정신이 없는데, 양가 단톡방에 사진과 동영상을 전송하고 이야기에 아기 사진에 대한 코멘트에 맞장구까지 치려면 엄마는 참 피곤하죠? 그럴 땐 베이비스토리를 이용해보세요.

아기의 사진을 올리면 알아서 날짜별로 정렬해주고, 양가 식구들에게 따로 전송할 필요 없이 아기의 성장일기 겸 양가 공유가 한 번에 해결된답니다. 더 좋은 건 양가 식구들을 따로따로 관리할 수 있다는 거예요. 그래서 외가 식구들의 댓글은 친가 식구들이 볼 수 없고, 반대도 마찬가지고요. 사진을 올릴 때 외가와 친가 중 원하는 사람들만 혹은 엄마 아빠만 볼 수 있도록 비공개로 설정해서 올릴 수도 있어요!

6. 유니프랜드, 코디아이;
아기 옷을 저렴하게 구매하고 싶다면?

아기는 정말 하루가 다르다고 쑥쑥 자라지요. 그래서 비싼

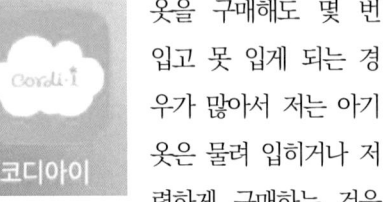 옷을 구매해도 몇 번 입고 못 입게 되는 경우가 많아서 저는 아기 옷은 물려 입히거나 저렴하게 구매하는 것을 선호해요.

저는 아기 옷에 대한 예산을 한 벌에 1만원 이하로 책정했어요. 어차피 아기는 침도 이유식도 많이 흘리기 때문에 자주 빨 수 있고, 얼룩이 많아지면 아까워하지 않고 버려도 괜찮은 옷이어야 했기 때문이에요. 외출복은 선물이 많이 들어오기도 해서 주로 내복만 구매했는데요. 아기 옷에 대한 기준이 저와 같은 분이라면 이 두 사이트는 필수로 알아 두시라고 말씀드리고 싶어요. 가끔 이월 세일이라도 하면 정말 득템 할 수 있답니다.

에필로그
초보맘에게
전하고 싶은
이야기

 이 글을 쓰고 다시 한 번 읽으며 탈고하는 사이, 저는 돌끝 맘이, 시윤이는 벌서 아장아장을 넘어 우다다다 뛰어다니는 어린이 같은(?) 아기가 되었어요. 100일이 지나 돌이 될 때까지도 저와 시윤이에게는 많은 일이 있었지만, 사실 100일까지의 막막함과 비교해보면 그래도 그 이후는 훨씬 나았던 것 같네요.

 기어 다니고, 모든 걸 잡고 서고, 걸음마 연습을 하다가 넘어지고를 반복하는 시윤이 뒤를 졸졸 따라다니느라 너덜너덜해진 체력과 멘탈을 부여잡고 이 글을 쓰는 건 결코 쉽지만은 않았어요. 그럼에도 끝까지 쓸 수 있었던 건 역시나 시윤이가 태어나고 100일까지 모든 것이 낯설고 힘들기만 했던 그때의 저와 같은 초보맘들을 응원하고 위로하고 싶다는 생각이 크기 때문이었어요.

초보맘이 힘들어할 때 흔히들 주변에서는 이렇게 말해요. "처음이라서 그래, 시간이 지나면 점점 나아져." 돌이 지난 지금, 그 말에 격하게 공감하지만, 그 당시에는 그 말이 참 야속했어요. 그 야속함대신 어떻게 하면 그 시절의 저를 도와줄 수 있을까 하는 마음으로 제 경험을 구체적으로 적어보았어요. 제 경험이 분명 정답이라고 할 수 없어요. 그렇지만 그 시절 그렇게도 찾아 헤맸던 선배 맘의 경험이 어느 누군가에게는 필요할 것이라고 생각하며 이 글을 완성했습니다.

백일 이후에도 저와 시윤이는 끊임없이 초보 엄마로, 세상을 처음 살아가는 아기로 고군분투하며 일년이 넘는 기간을 살아냈어요. 시시때때로 육아 우울증이 찾아왔고, 엄마로서의 삶 이외에 나의 삶을 찾겠다며 다양한 시도도 했어요.

시윤이 역시 아이주도 이유식 시도와 실패, 그리고 이유식 거부, 젖병 거부, 심하게 앓았던 돌 발진 등을 겪으면서 18개월의 인생을 (아기 입장에서는) 참 파란만장하게 살았답니다. 그 이야기들은 블로그에 다 기록하고 있으니 혹시라도 아기 이야기를 함께하고 싶다면 제 블로그에서 댓글로 소통해요! 제 블로그 주소는 아래에 공유할게요.

초보맘 여러분, 여러분은 정말 대단한 일을 하고있는 거예요. 이 이야기만큼은 정말 꼭 해드리고 싶었어요. 한 생명을 보살핀다는 일은 그 자체로 엄청난 일이랍니다. 하지만 동시에 참 힘든 일이기도 해요. 이 글이 여러분의 초보맘 일상 속 수많은 걱정 중 일부라도 줄여 여러분에게 꿀 같은 여유를 조금이나마 선물할 수 있기를 바라며 이 글을 마무리할게요. 읽어 주셔서 감사합니다.

덧붙여 이 책이 나오기까지 응원해준 우리 가족을 비롯한 모든 분들, 이 책을 시작할 용기를 준 똘똘새댁님, 육아하느라 바쁜 시간을 쪼개고 쪼개 미리 이 책을 읽고 아낌없이 경험에 의한 피드백과 응원을 나누어 준 새별이, 앙또님, 밀리엘 언니, 매일 조금씩 출판 과정을 진척시킬 수 있게 도와준 백일작당 멤버분들, 그리고 이 책이 나올 수 있도록 세상에 태어나 준 시윤이에게 고마움과 감사의 인사를 전합니다!

▶ 삶을짓다를 만날 수 있는 곳

✔블로그: http://blog.naver.com/1hyomin
✔인스타그램: @lifecreator_jitda

부록

편한 육아를 위해,
출산 전
준비할 것은요?

1

출산 준비물
무엇을 준비해야
하냐고요?

 막상 출산 준비를 하려니 어디서부터 어디까지 구매해야 하는지, 인터넷에 떠다니는 수많은 준비물 중 진짜로 필요한 것은 무엇인지 궁금하지요? 출산 전 필요하다는 물품을 구매해 직접 사용해 본 후 제가 출산용품 구매 리스트를 정리해 보았어요. 저는 최소한의 물품만 사서 사용하자는 적당한 미니멀리즘(?) 주의자라는 점을 참고해주세요.

다음 페이지에 수록된 출산 준비물은 제가 출산 전 인터넷에 돌아다니는 다양한 출산 준비물 정보를 모아 만들었어요. 출산 후 직접 사용해본 경험을 바탕으로 수정했고, 설명을 덧붙였어요. 보유 수량 란에 보유한 것들을 체크해보시면 추가로 구매할 것들이 명확하게 정리될 거예요.

 시윤이는 2월생이라 겨울 아기를 기준으로 작성되었다는 점 참고해주세요. 더불어 대부분의 아기용품은 최소수량을 준비한 후 엄마의 성향에 따라서 편하게 사용할 수 있는 것으로 추가 구매하는 편이 낭비를 막을 수 있다는 팁도 함께 드릴게요.

▶ 삶을짓다의 출산 준비물: 의류

항 목	품 목	권장 수량	보유 수량	메 모
의 류	배냇저고리	4		
	신생아 내의	4-5		
	우주복	2		
	신생아 모자	1		
	턱받이	2-3		
	손싸개	2		
	양말	2		
	신생아 모자	1		

신생아는 먹고 자주 게우기 때문에 옷이나 손수건 소비가 굉장히 많은 편이에요. 저는 아기 세탁기를 사용했기 때문에 매일 저녁 습도도 맞출 겸 빨래를 해서 널었기에 의류를 많이 구비한 편은 아니라는 점 참고하세요.

출산선물로 많이 들어오는 배냇저고리나 내복은 미리 구매하기보다는 출산에 임박해서 필요하다면 구매하시는 걸 추천해요. 어차피 선물로 많이 들어오는데 특히 배냇저고리는 입을 수 있는 시기가 한정적이라서 많이 보유하는 건 별로 추천하지 않아요.

아기 내복은 선물로 많이 들어오는 경우 80사이즈로 교환해두시면 오래 입히실 수 있어요. 팔다리 소매 여분이 길면 손싸개 발싸개를 군이 따로 해주지 않아도 되니 편하더라고요.

우주복의 경우 65-75 사이즈의 얇은 우주복에 가장 손이 많이 갔어요. 내복을 같이입히는 걸 고려해서 2장 정도면 충분한데 우주복이 내복보다 편하게 느껴지면 조금 입혀보다가 추가로 더 구매해도 돼요.

여름 아기라면 우주복보다는 다리 부분이 달려 있지 않은 바디수트를 더 잘 입힐 수 있을 것 같아요. 70~80 사이즈의 바디수트를 준비해두면 여름에 여러모로 잘 입힐 수 있어요. 겨울 아기도 여름이 되면 바디수트를 입혀야 하므로 바디수트를 선물 받았다면 군이 우주복으로 교환하지 않아도 괜찮아요.

신생아 모자는 장식이 많지 않고 부드러우며 끈으로 고정하는 형태를 추천해요. 턱받이의 경우 손수건으로 대체 가능해요. 100일 즈음해서 침을 흘리기 시작하면 턱받이가 편할 수도 있어요. 군이 미리 구매할 필요는 없고 선물로 들어온다면 보관해두세요. 이유식을 시작할 때 유용해요. 발싸개는 양말로 대체가 가능하고요, 손싸개는 매일 세탁하면 2개 정도 준비하면 돼요. 내복이나 바디수트를 길게 입히면 손싸개는 별로 필요하지 않더라고요.

▶ 삶을짓다의 출산 준비물: 목욕/위생용품

항 목	품 목	권장 수량	보유 수량	메 모
목욕 / 위생 용품	신생아 욕조 (대야)	2		
	베이비크림	1		
	수딩젤	1		
	베이비 탑투토워시	1		
	천기저귀	5		
	거즈 손수건	30		
	물티슈	2-3		
	신생아 면봉	1		
	체온계	1		
	온습도계	1		
	손톱 가위	1		
	비판텐	1		
	아기항균지퍼백	1		
	일회용 기저귀	1팩		
	장난감 클리너	1		

신생아의 경우 욕조는 높은 아기 욕조보다 낮은 대야를 사

용하는 것이 몸을 가누지 못하는 아기를 목욕시키기에 아기에게도, 엄마 아빠에게도 편해요. 그래서 신생아 목욕용으로는 다이소에서 판매하는 타원형의 대야를 권합니다. 아기가 100일이 다가오면서 욕조가 점점 좁아지게 될 텐데 그때는 아기 욕조를 구매해서 사용해도 좋고, 앞에서 소개한 대로 아기 욕조 없이 샤워기로 샤워시켜도 좋아요. 저는 아기 욕조는 따로 사용하지 않았어요.

그 외 목욕용품은 탑투토워시(바디워시와 샴푸 공용으로 사용 가능)와 로션 또는 크림, 기저귀 크림, 오일(필요시)정도를 준비하면 되는데 출산선물로 크림을 포함한 용품을 증정하는 지자체가 많기때문에 미리 알아본 후 필요할 때 구매하는 걸 추천해요. 아기는 작아서 제품 하나만 있어도 굉장히 오랫동안 사용할 수 있어요. 미리 구매해두면 유통기한을 넘겨 못 쓰게 되는 경우도 생기니 참고하세요. 수딩젤은 태열용으로 하나 구비했는데 다 사용하지 못했어요. 샘플이 있다면 그걸로 사용해도 충분해요.

손수건은 아기 얼굴용과 엉덩이를 닦을 용을 구분하면 좋은데 저는 부드러운 민무늬 밤부 손수건은 얼굴용, 그림이 그려져 있는 선물이 들어온 손수건들은 엉덩이용으로 구분해 시각적으로 한눈에 파악할 수 있게 했어요. 천 기저귀는 기저귀 용도보다 평소에는 목욕수건으로, 여름에는 얇은 여름 담요 대용으로 휘뚜루마뚜루 사용하기 좋았어요. 5장 정도 있으니 충분하더라고요.

그 외 준비해야 할 위생용품 중 물티슈의 경우 신생아 시기에는 대부분 물티슈 대신 물로 닦아주는 것이 좋다보니 사용량이 적어요. 그래서 초반에는 조금만 구매하는 것이 좋겠더라고요. 생각보다 물티슈의 유통기한이 길지 않아서 초반에 미리 준비하기보다는 천천히 구매하는 걸 추천해요. 아기 장난감 클리너로는 물로 닦을 수 없는 장난감이나 자주 세탁할 수 없는 카시트, 유모차 등에 뿌려 사용했어요.

아기는 고열이 나면 발달에 문제가 생길 수도 있어서 체온계는 꼭 하나쯤 구비해야하고요, 비판텐은 침독, 기저귀 발진, 모유 수유부의 유두균열 등 여기저기 사용할 수 있어서 꼭 필요해요. 아기항균지퍼백은 저는 식품 넣어두는 지퍼백으로 대체했고요. 아기 기저귀의 경우 조리원에서 퇴소할 때쯤 아기 몸무게를 보고 단계를 결정하는 것이 좋아요. 보통 1단계를 미리 구매하시기도 하시는데 시윤이의 경우 1단계는 한 팩만 사용했고 2단계부터 잘 사용했어요.

▶ 삶을짓다의 출산 준비물: 수유용품

항 목	품 목	권장 수량	보유 수량	메 모
수유 용품	젖병(중)	(2~3)		
	젖꼭지			
	모유 저장팩	1		
	젖병 소독기	(1)		
	젖병 건조대	1		
	젖병 세정제	(1)		
	젖병 세정솔	1		
	젖병 집게	1		
	분유	(1)		
	분유포트	1		
	보온병	(1)		
	유축기	(1)		
	수유 쿠션	1		
	수유등	(1)		
	역류방지쿠션	1		
	수유 패드	1팩		

수유용품은 정말 양육자의 스타일에 따라서 구비할 것이 천차만별로 달라지는 아이템이더라고요. 제 기준으로 소개하니 읽어보시고 필요한 것만 선별해 준비하면 돼요.

젖병은 조리원에서 모유수유, 분유수유 여부를 결정하고 구매해도 괜찮아요. 아기가 젖병을 거부하기도 하니 잘 맞는 젖병을 구매하기 전에 미리 여러 개 구매해두는 건 추천하지 않아요. 분유역시 조리원에서 나온 후 구매하는 것을 추천해요. 자세한 내용은 본문 3장, 아기의 식생활 파트를 참고하세요.

모유저장팩은 모유수유를 하는 분들에게 필요한데 초반엔 대부분 직수할테니 조리원에서 모유수유 여부를 결정한 후 구매해도 늦지 않지만. 이유식을 할 때도 유용하게 사용할 수 있어서 한 묶음 정도 미리 준비해두어도 괜찮아요.

젖병 소독기는 물기를 잘 말려서 소독해야 하는데 그 과정을 모두 거치기 전에 다음 수유를 하게 되는 경우도 있어서 저는 잼팟을 이용해 열탕 소독을 주로 했어요. 덕분에 소독기는 얼마 사용하지 않고 애물단지가 되었어요. 그렇지만 주변에서 잘 활용하시는 분들은 굉장히 잘 활용하기도 하니 본인의 성향에 따라서 구매 여부를 결정하면 돼요.

분유 포트는 하나쯤 있으면 완분아기의 경우 분유 온도 맞춰 조유하기 편하고 모유 수유 아기라도 유축 모유를 데울 때 편하게 사용할 수 있어요. 저희는 커피포트를 아예 분유 포트로 바꿔서 사용했어요. 아기와 외출할 때는 분유물을 가지고 나가야 해서 작은 보온병도 잘 활용했는데 따로 구매한 건 아니고 가지고 있던 것 끓는 물로 소독 후 활용했어요.

모유 수유할 경우 유축 깔대기는 병원에나 조리원에서 가지고 있는 유축기에 맞춰 구매할 수 있으니 그때 구매하면 되고, 유축기는 모유 수유를 계속 할 예정이라면 보건소에서 무료로 대여해주기도 하고, 조리원에서 연계 업체를 통해 저렴하게 대여할 수도 있어 굳이 미리 구매해야 하는 아이템은 아니에요.

신생아 시절엔 수유 쿠션이 있어야 아기도 엄마도 조금이라도 편하게 수유할 수 있고, 수유등은 집에 있는 무드등이나 스탠드로 대체할 수 있어요. 역류 방지쿠션은 하나쯤 꼭 있어야 수유 후 아기를 내려놓고 수유용품을 정리하기 수월해요.

▶ 삶을짓다의 출산 준비물: 세탁용품

항 목	품 목	권장 수량	보유 수량	메 모
세탁	유아 전용 세제	1		
	유아 전용 유연제			
	아기 세탁기	1		
	아기전용 세탁망	1		

아기용품은 미리 유아(아기) 전용 세제로 빨아둬야 하니 아기 세제는 미리 구매해 사용해도 좋은데 저는 유연제는 따로 사용하지 않았어요. 아기 세제도 아기가 조금 큰 후에는 성분이 착한 세제로 성인과 함께 사용하기는 했어요.

아기 세탁물은 정말 매일 끊임없이 나오는데 막상 세탁물을 모아봐도 양 자체가 많지는 않아서 저는 아기 세탁기를 유용하게 사용했어요. 속옷이나 적은 분량 세탁할 용도로 아기 세탁기를 기존부터 사용하고 있었는데 아기가 태어나고는 정말 일주일에 5회 이상 사용했어요.

아기 세탁망은 따로 구매하지 않고 가지고 있던 세탁망 중 하나를 아기 전용으로 사용했어요.

▶ 삶을짓다의 출산 준비물: 침구류

항 목	품 목	권장 수량	보유 수량	메 모
침구 류	아기침대	1		
	범퍼침대	(1)		
	기저귀교환대	(1)		
	아기띠	1		
	베개	(1)		
	블랭킷 아기담요	(1)		
	스와들업	1~2		
	속싸개	3-4		
	겉싸개	1		
	매트			

아기침대는 아기가 뒤집기를 하기 전까지 잠깐 사용하는 것이지만 신생아 시기에는 엄마가 아기를 수시로 안고 내려두기에 편해서 사용을 추천해요. 몸이 약해져 있는 시기에 범퍼침대를 사용하면 아기를 내려놓고 안고 할 때 계속해서 앉았다 일어났다 해야 하므로 산모에게 무리가 많이 갈 것 같더라고요.

뒤집기 할 때쯤 되어서 범퍼 침대로 바꿔주면 돼요. 짧은 시기 사용하는 아이템이니만큼 중고로 알아보는 것도 적극 추천해요. 이왕이면 한쪽 난간을 내릴 수 있는 아기침대가 사용하기에 편리해요.

아기는 폭신한 매트리스를 사용할 시 질식의 우려가 있기 때문에 딱딱한 매트리스가 좋다고 해요. 그래서 아기침대에 기본 매트리스 이외에 따로 매트리스를 구매하진 않고 사용했어요. 매트리스 커버나 아기 이불 등도 속싸개와 겉싸개로 대체해서 사용했어요.

백일까지 육아를 하면서 이것만은 준비하세요!! 강추하고 싶은 아이템이 있다면 기저귀교환대인데요. 아기침대가 있다고 해도 아기 기저귀를 교체하려면 허리를 너무 많이 숙여야 해서 힘들거든요. 그래서 기저귀교환대는 준비해두는 것이 좋아요.

찾아보니 기저귀교환대가 생각보다 부피도 크고 비용도 저렴하진 않더라고요. 그래서 고민하다가 저는 아일랜드 식탁 위에 아기를 눕힐 수 있는 기저귀교환대용 쿠션만 이케아에서 구매해 올려두고 사용했는데 키가 큰 저에게 일반 기저귀 갈이대보다 높이가 높아 아주 편리하게 사용했어요. 아일랜드 식탁에는 보통 수납장도 같이 있으니 거기에 기저귀랑 연고 등을 올려두고 사용하니 편하더라고요.

식탁 한 편이나 책상 한 편에 기저귀교환대 쿠션만 올려두고 사용하는 방법도 있으니 굳이 제품을 구매하기보다는 집에 있는 가구들을 이용해 백일 정도 사용해보는 것도 좋아요. 아기가 뒤집기를 할 때쯤 되면 위험해서 사용하기 힘든 아이템 중 하나인 만큼 현명하게 소비하는 게 좋겠죠?

신생아시기부터 사용 가능한 아기띠가 시중에 많이 나와있으니 신생아 시기부터 가지고 있다면 사용해도 좋을 것 같아요. 조금이라도 엄마의 수고를 줄여주는 아이템이에요. 이왕이면 힙시트도 일체형으로 사용할 수 있는 올인원 제품으로 선택하면 나중에 힙시트를 별도로 구매하지 않아도 돼요.

아기 베개는 신생아 시기에는 천기저귀를 접어서 사용했고, 조금 커서는 베개를 구매해서 사용했어요. 초반에는 베개가 높아보여서 사용하지 않았는데 낮은 베개 하나 정도 있으면 백일 즈음부터 사용할 수 있을 거예요.

속싸개는 3~4개 있으면 돌려가면서 사용하는데 무리 없고, 겉싸개는 저는 병원에서 주는 것으로 사용했어요. 굳이 여러 개가 필요하진 않더라고요. 스와들업은 아기 잠을 위해서 구매했는데 잘 맞지 않는 아기들도 있어서 S사이즈 사용해보고 잘 사용할 것 같으면 다음 단계도 아기 상황에 맞춰 구매하면 돼요.

아기가 뒤집기 할 시기가 되면 속싸개를 이불로 덮어주는 것은 위험하니, 수면조끼를 입혀 재우면 안전하게 재울 수 있어요.

아기 매트는 아기가 어릴 때는 바닥에 둘 일이 별로 없기 때문에 굳이 필요하지 않기는 해요. 다만 매트가 있으면 아기를 잠깐 내려놓을 때도 부담이 없어서 어차피 구매할 예정이라면 미리 깔아놔도 좋을 것 같아요. 단 바닥 청소가 번거롭다는 단점은 있어요.

▶ 삶을짓다의 출산 준비물: 산모용품

항목	품 목	권장 수량	보유 수량	메 모
산모 용품	오버나이트 생리대	1팩		
	산모 내의	1		
	수유용 속옷 & 수유복	3		2-3개 정도 구매하신 후 필요시 추 가구입하시면 돼요. 저는 임부시절부터 미리 구매해서 입 었어요.
	손목보호대	1		나도 모르게 손목을 많이 사용하게 돼서 착용하시는 걸 추천해요.

육아용품만큼 감이 오지 않는 것이 출산 후 산모를 위한 용품일텐데요. 제가 유용하게 사용한 것 위주로 말씀드릴게요. 산모 패드는 병원에 구비되어있는 경우가 많으나 조금 답답해요. 저는 오버나이트 생리대를 이용했더니 활동이 조금 더 편했어요. 자연분만을 한 경우 순면커버로 된 제품을 선택하는 게 출산 시 회음부 절개 후 처치로 예민해진 회음부에 조금이라도 덜 부담을 주더라고요.

산모내의는 사람마다 다른 것 같아요. 저는 얇은 임산부용 레깅스를 2~3벌 정도 준비해뒀다가 산모용 내의를 대체해서 입었는데 불편하지 않았어요. 조리원에서도 산모용 내의를 따로 입으신 분은 보지 못했고요. 그러나 산모용 내의가 편하다고 하시는 분들도 계시니 한 벌 정도 준비해 입어보고 추가구매를 결정해도 될 것 같아요.

　수유용 속옷은 있으면 모유 수유할 때 편한 아이템이지요. 저는 임신했을 때부터 구매해서 모유 수유를 끝낼 때까지 입었어요. 그러나 요령만 있으면 굳이 수유용 속옷을 구매하지 않아도 수유하는데 별 문제가 없기는 하더라고요. 수유복은 모유 수유하는 경우 있으면 수유하기 편한데 지퍼타입은 아기 얼굴에 자꾸 지퍼가 닿아서 추천하고 싶지 않았어요.

　산모 방석(일명 도넛 방석)을 준비하라는 이야기가 많은데 조리원에 간다면 별로 필요하지 않아요. 조리원에서 퇴소할 때쯤 되면 회음부가 거의 아물어서 도넛 방석이 없어도 활동에 문제가 없어요. 산후 복대 역시 필요한 경우 구매해도 늦지 않을 것 같아요.

　하지만 손목 보호대는 꼭 착용하는 것을 추천해요. 의외로 괜찮은 것 같다고 잘 착용하지 않게 되는 경우가 많은데 아기가 클수록 손목에 더 무리가 오더라고요. 아기가 스스로 기고 걸어 다닐 때까지는 자주 찾게 될 거예요.

▶ 삶을짓다의 출산 준비물: 기타

항목	품목	권장수량	보유수량	메모
기타	유모차	1		
	카시트	1		
	바운서	1		
	모빌	1		

기타 준비할 아이템은 유모차, 카시트, 바운서, 기저귀 수납함, 모빌이 있는데요. 유모차는 아기가 조금 크고 나서 구매해도 된다는 말이 있지만 저는 미리 구매해두는 걸 추천해요. 아기가 엄마 품과 아기 띠에 익숙해지면 유모차를 타는 걸 거부하기도 하더라고요.

저는 산책을 좋아해서 유모차에 아기가 잘 타고 있는 것이 중요하다고 생각했어요. 그래서 신생아 시기부터 아기 기분이 좋아 보이면 잠시라도 유모차에 태우고 거실을 왔다갔다 했어요. 혹시 조금이라도 울 기미가 보이면 바로 안아주고요. 그래서 유모차는 좋은 것이라는 인식을 계속 심어줬더니 유모차가 안전한 공간이라고 생각하는 저희 아이는 20개월이 된 지금도 유모차 타는 것을 아주 좋아해요.

돌까지는 접을 수 있는 절충형 디럭스 유모차를 이용했어요. 대부분 디럭스 유모차는 접을 수 없어서 친정이나 시댁에 갈 때 가지고 다닐 수가 없더라고요. 이후에는 가벼운 휴대용 유모차로 바꿔서 기동성을 높였어요.

자동차를 이용하신다면 카시트는 필수품이에요. 중고거래를 애용하는 저도 카시트만큼은 안전이 최우선이기에 새 상품으로 구매했어요. 다만 신생아용 바구니 카시트는 새 제품으로 구매해도 조리원에서 집으로 이동하거나, 예방접종을 갈 때 2~3번 태우면 작아져서 사용할 수 없기 때문에 중고제품을 구매해도 괜찮다고 생각해요.

바운서와 모빌은 엄마에게 잠시라도 쉴 시간을 주는 육아 아이템인데요. 시윤이는 모빌은 잘 봤는데, 바운서는 별로 좋아하지 않았어요. 모빌은 4개월까지 흑백과 색 모빌을 적당한 간격으로 바꿔주면서 사용했는데 한 번 보여주면 꽤 보고 있어서 잠시 씻거나 밥을 먹을 때 유용하게 사용했어요.

2

왁싱을
해야 한다고
하던데요?

왁싱에 대해 고민하시는 산모분들 많으시지요? 저도 한 번도 해보지 않았어서 고민을 많이 했는데, 결과적으로 말씀드리자면 저는 왁싱 하는 것을 추천해요. 저는 천연성분인 슈가링으로 하는 브라질리언 왁싱을 했어요. 출산 후 스스로 몸을 움직이기 어려운 시기에 남편이 오로가 쏟아진 패드를 갈아줄 때도, 스스로 씻을 때도 왁싱을 한 편이 서로 조금 덜 민망하고 편하기 때문이에요.

자연주의 출산이 아닌 경우 대부분 신생아의 감염 예방을 최소화하기 위해 제모를 할 텐데, 실제 병원에서 제모를 하는 경우 시술에 필요한 부분만 면도칼로 제모하기 때문에 시술부분 이외에는 음모가 남아있는 상태예요. 그 때문에 산모 패드를 교체해야 때 오로와 음모가 엉겨 붙거나 해서 불편했고, 혼자 움직이기 어려워 패드 교체 시 남편의 도움을 받아야 하는 경우 굉장히 민망했다는 후기들이 많더라고요. 분명 선택이기는 하지만, 확실히 브라질리언 왁싱을 한 편이 스스로나 남편의 도움을 받을 때 편하다고 생각해요.

3

출산 가방,
무엇을
챙겨야 할까요?

막상 진통이 시작되면 굉장히 당황스러워 무엇을 어떻게 해야 하는지 차분히 생각하기 어려울 수 있어요. 그래서 저는 언제든 아기가 나와도 이상하지 않을 37주부터 출산 가방을 싸두었어요. 자주 사용하는 물품이나 병원에 가기 전 챙겨야 할 사항은 눈에 잘 띄게 싸인펜을 이용해 큰 글씨로 작성해서 현관문에 붙여두고 남편에게도 알려주어 함께 챙길 수 있게했어요.

막상 출산 가방을 싸자니 뭐가 필요한지 궁금하신 분들이 많으시지요? 그래서 제 출산 가방 준비물 리스트를 공유할게요. 수건이나 드라이기 등은 제공이 되는지 미리 알아보시고 짐을 줄일 수 있다면 줄이는 것이 좋겠죠?

▶ 삶을짓다의 출산 가방 준비물

분 류	준 비 물
위생용품	세면도구, 머리끈, 수건, 생리대(오버나이트/일반), 립밤, 톤업크림, 립틴트
의류	가디건, 얇은 임부 레깅스(산모내복), 산모용 언더웨어, 수유브라, 면양말
기타	산모수첩, 텀블러(보온 가능한 것), 가습기, 셀카봉, 디데이달력, 수유패드, 타이레놀(수유부용), 아기 물티슈, 아기 손수건, 필기도구&작은수첩

준비물에 대한 몇 가지 설명을 덧붙여볼게요. 우선 톤업크림과 립틴트의 경우 아침에 슥슥 두 가지만 발라줘도 부스스하고 힘든 얼굴이 밝게 살아나서 산후 우울증 예방에 도움이 되어 준비물에 넣었습니다. 수유패드는 안 쓰게 될 수도 있는데 조금이라도 가지고 있는 게 마음이 편하더라고요.. 저는 모자라서 빌려서 쓰기도 했어요.

셀카봉은 코로나19로 남편 출입이나 가족 면회가 제한되는 시기에 유용하게 사용했어요. 영상 통화할 때 작은 삼각대 셀카봉을 이용하면 한팔로 아기를 케어하면서 나머지 한 팔로 핸드폰 각도를 이리저리 조절하느라 힘들어하지 않아도 되거든요. 처음에 각도만 조절해두고 통화할 때는 아기만 케어하면 돼서 한결 수월하게 통화하실 수 있습니다. 저만의 꿀팁이에요.

 산후 오로가 배출되기 때문에 오버나이트와 일반 생리대도 넉넉하게 챙겨가는 것을 추천합니다. 립밤은 진통 시부터 수시로 발라주시면 입술 터지는 것을 예방할 수 있으니 정말 필수품이에요!

아기 손수건과 물티슈는 조리원 모자동실 시 아기 기저귀를 갈아주거나, 수유할 때 있으면 편리합니다. 많이 준비할 필요는 없고 손수건 3장 정도, 아기 물티슈 한 팩 정도 준비해보세요. 손수건은 산모 목이 선뜻할 때 삼각형으로 접어 둘러도 유용합니다.

4

출산에
도움이 되는
운동이 있나요?

출산과 육아에는 상당한 체력이 필요하다고 하죠. 임신 초기가 지나면 운동을 해도 된다고 하기에 저는 16주가 지나서부터는 꾸준히 출산을 위한 운동을 했어요. 산모 운동으로 병원에서 진행하는 수중운동과 요가, 발레수업을 받았었는데요. 20년 2월, 코로나로 인해 수업들이 줄줄이 취소되어 수업을 못 듣는 상황이 되었어요. 그때부터는 유튜브로 산모 운동을 찾아서 홈트로 운동을 진행했어요.

저는 주로 '라이프테스'님의 산전 운동을 따라하는 것으로 홈트를 진행했어요. 상체와 하체 운동 중 하나를 골라 조금이라도 매일 운동하려고 노력했어요. 이 글을 쓰는 현재에도 코로나19는 아직도 사라지지 않고 확진자 수도 줄지 않고 있네요. 이런 상황에서 산전 운동을 마음 편히 다니기 어려운 예비맘분들을 위해 '라이프테스'님의 채널링크를 공유하니 여러분도 영상을 보시며 체력을 단련하는 것을 추천합니다.

〈출처: 라이프테스 임산부, 산후 필라테스 운동루틴 유튜브〉

저는 아기 머리둘레가 평균보다 2주나 커서 의사 선생님께서 39주까지 진통이 오지 않는다면 유도 분만 시도를 하자고 하셨어요. 안 되면 제왕절개를 해야 할지도 모른다고 하셔서 빨리 나올 수 있도록 운동도 많이 하고, 밀가루나 당류를 제한하는 식이요법도 병행했어요.

우선 빠른 출산을 위해서는 아기가 빨리 내려올 수 있도록 걷기운동을 해야 해요. 담당 의사 선생님도 걷기운동을 꼭 하라고 하시더라고요. 저는 하루에 만 보씩 거의 3주간을 걸었어요.

37주가 지나 언제든 아기를 만날 준비가 되었다면 짐볼 운동을 해도 무방하다고 해요. 역시 라이프테스 은혜쌤의 영상을 보고 신나게 따라 했어요.

운동을 한다고 해서 아기가 일찍 나오리라는 법은 없지만, 저는 초산임에도 39주 2일에 아기를 만나게 되었으니 효과를 보았다고 생각해요. 그러니 여러분께도 유튜브를 통한 홈트와 걷기운동을 권해드려요.

책 출판 전, 감사인사도 드릴 겸, 산전 운동에 대한 자문을 구하려고 라이프테스 은혜쌤께 연락을 드렸어요. 유튜브 구독자로만 있다가 책을 핑계로 연락 드려보았는데 예비맘분들을 위한 팁을 더해주셔서 함께 소개해봅니다.

▶ 라이프테스 노은혜 선생님의 산전 운동 꿀팁

1. 출산 시 하지 말아야 하는 운동.

임산/출산 시 릴렉신이라는 호르몬이 많이 분비되어, 인대나 근육이 많이 약해져 있는 상태예요. 대부분 '임신 중이니까 또는 산후니까 가볍게 '스트레칭' 하자!'고 생각하시는데, 출산 시 과한 스트레칭은 독이 됩니다. (몸이 더 아파질 수 있어요)

2. 걸을 때 아치를 잡아주는 깔창 사용하기.

임산부는 10개월이라는 시간 동안 10kg 이상 몸무게가 늘지요. 사실 임신을 했기 때문에 몸무게가 느는 것은 당연하지만, 10개월 만에 10kg이상 살이 쪘다고 생각해 본다면 더해지는 무게가 어마어마하다는 건 공감하실 거예요.

이 때문에, 급격한 무게 상승으로 발에 엄청난 부담이 오게 되고, 또 아치에 변형이 올 수 있습니다. 아치의 변형은 또 다른 체형 불균형을 발생시키지요.

그래서 임산부가 걷기운동을 한다면 아치를 받쳐주는 깔창을 꼭! 같이 사용하시라고 권장해 드리고 싶습니다 :)

5
아기용품
세탁 및 세척법이
궁금하지요?

아기용품 세탁은 37-8주쯤 하는 것이 좋아요. 출산 가방을 싸기 전 마무리 해야 하기때문에 너무 늦게 하면 준비물을 제대로 챙기기 어렵고, 너무 일찍 하면 선물로 들어오는 아기 옷 등 육아용품들을 여러 번에 걸쳐 또 빨아야 하기 때문이에요.

아기용품을 세탁할 때는 아기 세탁기가 있다면 아주 유용해요. 아기 옷이나 손수건은 워낙 작기때문에 많은 양을 모아도 일반 세탁기에 넣고 돌리기에는 양이 애매하거든요. 아기용품 세탁 전에는 세탁조 청소를 권장하고요. 아기 옷이나 손수건을 깨끗하게 하려고 세탁을 하는 건데 세탁기 내부가 더러우면 안되니까요.

아기 옷이나 손수건 등은 무조건 삶아야 한다고 생각하는 분들이 많더라고요. 예전과 달리 지금은 아기 세제도 잘 나오기 때문에 무조건 삶는 것이 능사는 아니에요.

특히 많이 사용하는 밤부 손수건 같은 경우, 손수건을 삶으면 대나무 소재의 섬유가 뻣뻣해져요. 그래서 찬물세탁 후 건조하고 송풍기능을 사용해 먼지를 제거하는 것을 추천해요. 건조기의 건조기능을 이용해 말리면 역시 열이 가해지기 때문에 손수건이 뻣뻣해지거든요.

저는 모든 아기 세탁물은 아기 세제를 이용해 세탁한 후 건조대에 널어서 건조, 건조기 송풍으로 먼지를 털어 마무리했어요.

아기 장난감은 우선은 꼼꼼하게 물티슈로 닦은 후 제균 스프레이를 뿌려 균을 없애주거나 제균 스프레이를 뿌린 물티슈로 닦아 주었어요. 물이 닿아도 되는 장난감의 경우에는 제균 스프레이를 뿌린 후 물로 닦아주기도 했어요.

엄마도 잠 좀 자자고요? 나도 울고 싶어서 우는 건 아니라고요!

발　행 | 2021년 11월 22일
저　자 | 차효민(삶을짓다)
펴낸이 | 한건희
펴낸곳 | 주식회사 부크크
출판사등록 | 2014.07.15.(제2014-16호)
주　소 | 서울특별시 금천구 가산디지털1로 119 SK트윈타워 A동 305호
전　화 | 1670-8316
이메일 | info@bookk.co.kr

ISBN | 979-11-372-6312-3

www.bookk.co.kr